新・深・真
知的生産の技術

知の巨人・梅棹忠夫に学んだ
市民たちの活動と進化

ＮＰＯ法人 知的生産の技術研究会 編

久恒啓一 八木哲郎
岩瀬晴夫 小野恒 加藤仁一

日本地域社会研究所

コミュニティ・ブックス

目次

まえがき

ＮＰＯ法人 知的生産の技術研究会（知研）は、１９７０年の結成以来、梅棹忠夫先生の名著『知的生産の技術』をバイブルに市民活動として続けてきました。２０２０年は梅棹忠夫先生の生誕１００周年、没後20年にあたり、知研の設立50周年ともなる節目の年を迎えます。

知研は機関誌『知研フォーラム』を会員向けに出し続けてきましたが、このたび、新しい装いとして単行本を刊行することといたしました。

第1章は、「新・知的生産の技術」として、インターネット時代と人生１００年時代の交差する新たな情報時代に立ち向かう論考ということで、「Ｗｅｂ時代をゆく」を掲載しています。

第2章では、知的生産の技術の深化という意味で、「深・知的生産の技術」とし、過去の知研セミナーから、知的生産界の桑原、西堀両巨頭のセミナーを再録しています。

第3章では、梅棹忠夫先生の研究という趣旨で「真・知的生産の技術」とし、先生の代表的著作『文明の生態史観』の解説、そして市民に大きな影響を与えた先生の弟子を自称する市民たちの文章を採用しています。

今後も、毎年「新・深・真」を切り口に、本を刊行していく予定です。

NPO法人 知的生産の技術研究会

第1章

新・知的生産の技術

久恒啓一
NPO法人 知的生産の技術研究会 理事長

Web時代をゆく～個人ビッグデータへの道

Ⅰ　人生100年時代と知的生産の技術

1．梅棹忠夫の創造力

『文明の生態史観』（1967年／中央公論社）

文明学者・梅棹忠夫先生は人類の文明の歴史を鳥瞰《ちょうかん》する論考を発表しています。

《ユーラシア大陸には、中国、モンゴル、イスラム、アフリカと斜めに大乾燥地帯が走っている。その周辺に人類は大文明を創出した。中国、ロシア、インド、地中海・イスラムである。これらの大文明は数世紀ごとに乾燥地帯から現われる凶暴な暴力によってたたきのめさせられ、次の帝国が誕生するから内的成熟をしない。しかしその暴力から逃れた地域が二つある。西ヨーロッパと日本だ。この二つの地域は内的発展を重ねており、親和性が高い。日本はアジアの国ではなく、西欧と親戚だ》

　これが『文明の生態史観』の要旨です。

「情報産業の時代」（１９６２年発表）

　人類学者・梅棹忠夫先生は人類の歴史を、「農業の時代」、「工業の時代」、「情報産業の時代」と区分しました。

　生命の誕生になぞらえて、「農業の時代」を受精卵から消化器官を形成する内胚葉《ないはいよう》の時代、「工業の時代」を血液や筋肉をつくる中胚葉《ちゅうはいよう》の時代、そして脳神経系が誕生する外胚葉《がいはいよう》の時代が「情報

文明の生態史観

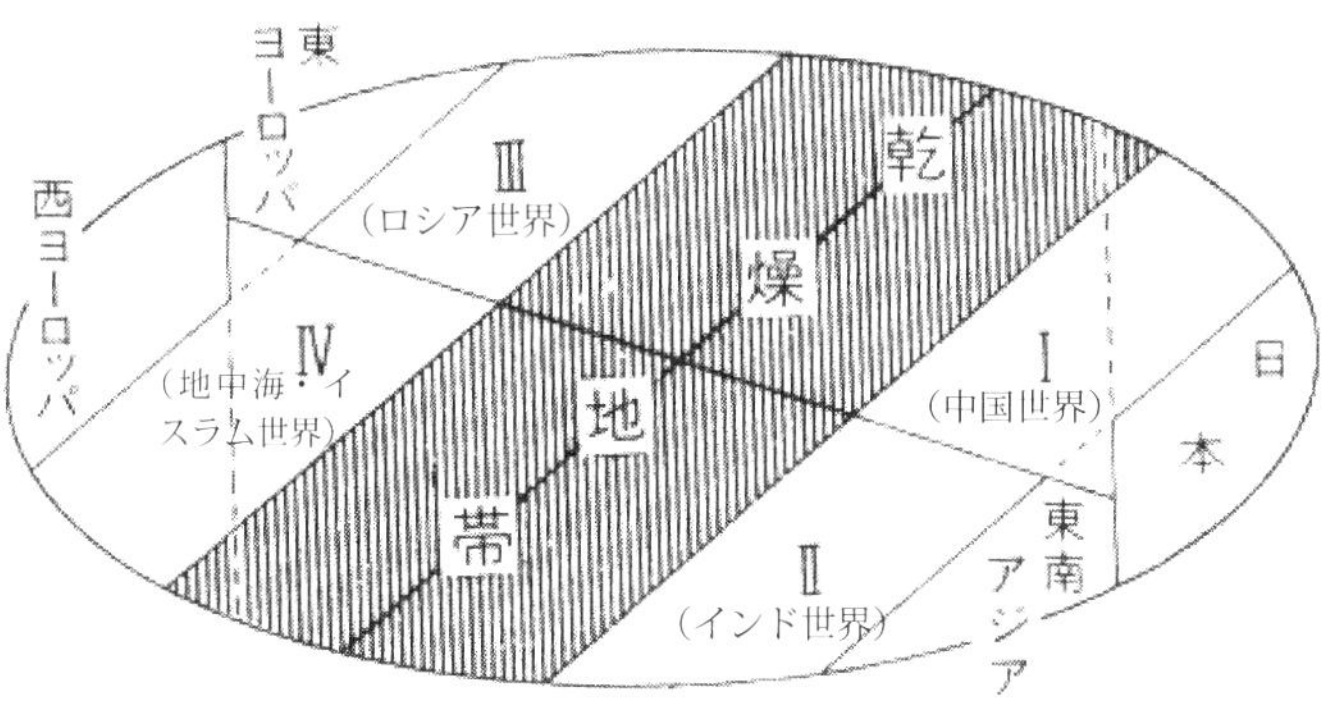

『文明の生態史観』梅棹忠夫著 より

産業の時代」であると考えました。人類は全体として自己実現に向かう最高の段階に達することになる。現在はその始まりの時代だと喝破したのです。

アルビン・トフラーの著書は多くありますが、代表作は1980年発行の『第三の波』です。第一の波は人類が農耕を始めた新石器時代の農業革命。第二の波は産業革命。そして今から襲ってくる第三の波は脱産業社会である、という趣旨です。1962年にダニエル・ベルが提唱した脱工業化社会が、それまでの伝統社会と産業社会の二分法ではなく、新しく脱工業社会の概念を作った。産業界に詳しく、未来学者という肩書きを持つトフラーによる、ベルの延長線上の提唱は日本でも大きな話題になり、私も夢中で読んだものです。

不思議なのは「脱」といい、「第三」といい、いずれの呼び方も中身を具体的に言いあてていないことです。トフラーの著書より20年も前に、日本の梅棹忠夫は、人類の産業の歴史を「農業の時代」、「工業の時代」、これからは「情報産業の時代」になると具体的に予言しました。梅棹説のほうが説得力があるように思えます。

『知的生産の技術』（1969年／岩波新書）

情報産業の時代をどう生きるか。それがこの時代を生きる誰もが身につけるべき知的生産の技術です。知的生産とは、何か新しい情報を誰もがわかるかたちで提出することです。そしてそれは技術なのです。技術とは、誰もが一定に訓練をすれば、あるレベルに達するものをいいます。その情報産業の時代を生きぬく基礎的素養が知的生産の技術だ。これが梅棹忠夫の考えです。

「知的生産の技術」と私

私は1970年、大学2年生のときに、九州大学探検部に入部しました。このクラブで教わったことはたくさんありますが、中でも大事なことは「記録」をとることでした。記録にないものは探検とは呼ばないのです。冬山や鍾乳洞の中という厳しい環境下でも記録をつける習慣がつきました。

大学卒業後には、「将来は月に行けるかもしれない」と、航空会社に入社。北海道に勤務していた26歳のときに、日本経済新聞で「知的生産の技術」研究会（知研）の存在と、そのリーダーである八木哲郎さんを知り、その頃、手に入れたひらがなタイプライターで入力して、八木さんに手紙を送ったのです。

その後、ロンドン勤務となり、「ロンドン空港労務事情」という、私にとっては大型の

梅棹忠夫『知的生産の技術』

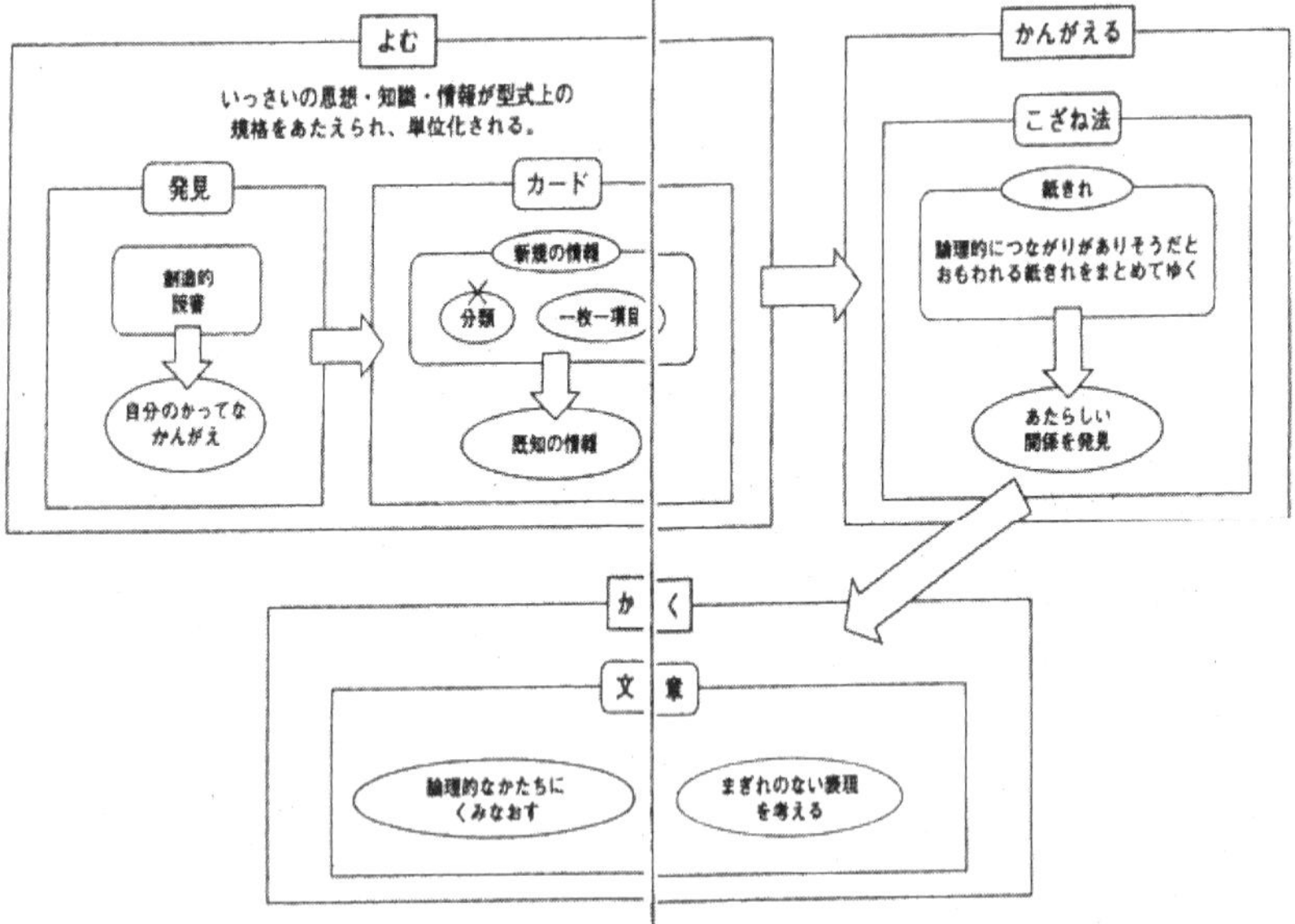

知的生産とは、「よむ、かんがえる、かく」ことであたらしい情報を生産すること。

知的生産に挑むことになりました。社内で話題になり、そして、雑誌『中央公論・経営問題』にも、わずかですが、紹介される機会を得ました。30歳で帰国後、知研に入りスタッフとして活動を始めました。それから10年たって、１９９０年に私は『図解の技術』という書籍を刊行したのです。

１９９２年発行の「知的生産の技術」研究会の機関誌『知研フォーラム』の「民博訪問記の再掲」には、私の質問「先生は図解コミュニケーションを知的生産の系譜においてどう評価されますか」に対して、「知的生産の技術」研究会顧問の梅棹忠夫先生の答えが載っています。

「理論というものはモデル形成なのです。どんな理論でも、人文科学的理論、自然科学的理論に至るまで全部モデルをいかにつくるかということです。それによって説明しようとする現象がかなり細部にまで説明できればいいんです。それがセオリーということです。どんなセオリーでもモデルになっている。モデルということは図解なんです。現実の事象を単純な図式に置き換えて組み立てる作業なんです。うまい図解というのはうまい独創ができたということなんです。うまい理論ができたということなのです。図解を大いにやってください。ただ、単純化ではないです。図解というのはモデル形成ですが、かなりの細部にわたって現象を反映していなくてはいけない。そういうモデルを見つけることはかなり大事です。うまく見つかれば大変うまいモデルができる。たぶん図に描いてもよくわかる図になる」

それ以降、私はライフワークとして「図解コミュニケーション」の理論と技術を磨くことに邁進してきました。そして55歳以降は、図解に加えて、全国の人物記念館を訪ねる旅を第2のライフワークとして取り組んでいます。優れた日本の偉人の足跡をたどる旅です。本物の日本人とは何かを探る旅です。

日本人の「アタマの革命（図解革命）」と「ココロの革命（精神革命）」の2つが私のライフワークとなっています。

2. 寺島実郎の構想力

寺島実郎にはこの36年間にわたり、並走しながら教えを請うてきました。寺島が若い頃から一貫しているのは、本質を見抜く「脳力」を磨き続けていることです。疑問と発見の連続によって積木細工のように体験と知識を相関させながら、時代の全貌を明らかにし、そして歴史の全体をつかもうとする姿勢が際立っています。時代の課題解決に向けての責任ある構想を提示しようとしています。方法論は、万巻の書の読み込みと、旺盛なフィールドワークです。文献調査とフィールドワークによって、鳥の目と虫の目の交点に立って歴史認識と世界鳥瞰という全体知に向かう旅を続けています。その成果を持続的に著作として発表しており、私はこの知の巨人に大きな影響を受けてきました。

寺島実郎の代表的著作を次にあげてみます。

「歴史観」について

戦後とは何か。『問いかけとしての戦後日本と日米同盟　脳力のレッスンⅢ』（2010年、岩波書店）

20世紀とは何か。『若き日本の肖像　一九〇〇年、欧州への旅』（2014年、新潮文庫）／『二十世紀と格闘した先人たち　一九〇〇年　アジア・アメリカの興隆』（2015年、新潮文庫）

近代とは何か。『17世紀オランダからの視界』（『世界』に連載中）

「世界観」について

『地球儀を手に考えるアメリカ　21世紀・日米関係への構造』（1991年、東洋経済新報社）／『脅威のアメリカ　希望のアメリカ　この国とどう向きあうか』（2003年、岩波書店）／『世界を知る力』（2009年、PHP研究所）／『大中華圏　ネットワーク型世界観から中国の本質に迫る』（2012年、NHK出版）／『中東・エネルギー・地政学　全体知への体験的接近』（2016年、東洋経済新報社）／『ユニオンジャックの矢　大英帝国のネットワーク戦略』（2017年、NHK出版）

日本の課題と構想

『世界を知る力　日本創生編』（2011年、PHP研究所）／『リベラル再生の基軸　脳力のレッスンⅣ』（2014年、岩波書店）／『新・観光立国論　モノづくり国家を超えて』（2015年、NHK出版）／『シルバー・デモクラシー　戦後世代の覚悟と責任』（2017年、岩波書店）／『ジェロントロジー宣言　「知の再武装」で100歳人生を生き抜く』（2018年、NHK出版）

寺島実郎が、戦後、20世紀、近代へと広げてきた視界は、世界を全体としてつかむグローバルヒストリー、宇宙の歴史からみるビッグヒストリーへと射程が長くなってきており、その延長線上にみえてくる全体知がしだいに明らかになりつつあります。

教養人とは、毎日、今日はいかに生きるべきかと自らに問い続ける人であるという考えからすると、過去、大過去をふまえて現代という時代を認識し、地域、日本、アジア、世界という立体的な世界観を持ち、その交点に立って、自分がなすべきことをなしていくことが大事だと思います。そういう意味で寺島の動向には注意深くウオッチする必要があります。

一方、戦後民主主義のオピニオンリーダーとしてアカデミズムとジャーナリズムを架橋した丸山眞男の学問は、「丸山政治学」「丸山思想史学」と呼ばれました。ベストセラーとなり、大学生必読の書となった岩波新書『日本の思想』（1961年）は、大学時代に私も読みました。普及の早い外来思想と、持続する伝統思想の対応（対決ではない）を全体としてとらえ、そのなかで個々の思想を位置づけながら、日本近代化における思想の機能を解明しようとした書です。丸山は無限の包容性とそれ故の雑居性を特徴とする日本の、思想の全体構造の発展をとらえようという難題に挑んだのです。

寺島実郎が雑誌『世界』に書き続けている「17世紀オランダからの視界」と、それに先立つ20世紀を検証した論考と戦後日本を総括した論考は、この丸山のテーマを広い視界から深掘りしようとし、全体図を描こうという試みでしょう。

3．人生100年時代

キャリア3期・人生6期の人生観

100年を生きた人を日本では、百寿者と呼びますが、欧米では一世紀を生き抜いたという意味で、センテナリアンと呼んで尊敬しています。最近語られるようになった「人生100年時代」は、国としてのコスト増大と個人に関わるリスクの視点からしか語られていないのではないかと思います。人生観が旧来のままであるから、混迷が深まっているのでしょう。新しい時代には新しい「人生観」が必要です。

中国の孔子は「志学（15歳）・而立（30歳）・不惑（40歳）・知命（50歳）・耳順（60歳）・

従心（70歳）」という人生訓を述べました。その考え方が２０００年以上の年月を経ても、私たちに影響を与えているのです。

人生80年時代といわれた頃から、私は人生50年時代の孔子の人生訓から脱却すべきだと述べてきました。孔子のいう年齢を1・6倍して考えたらいいと思います。この考えで整理すると、24歳から48歳が青年期、48歳から64歳が壮年期、64歳から80歳が実年期、そして80歳から96歳が熟年期、96歳から１１２歳が大人期、１１２歳から１２５歳までは霞を食って生きる仙人期という見立て

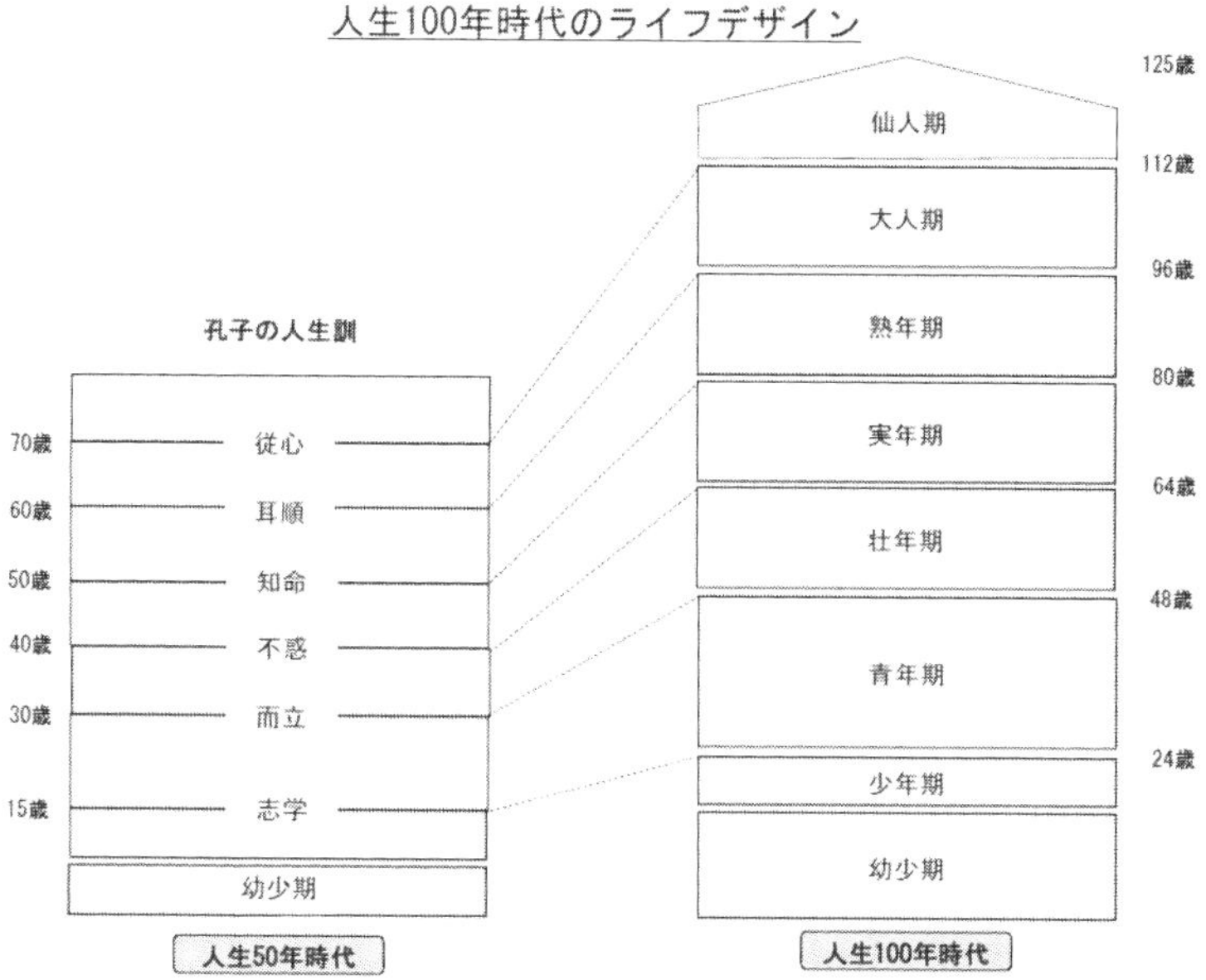

です。この人生観が、人生100年時代に有効だと考えています。

これによると、学校を出て25歳からようやく青年期に入り、40代後半から50代前後で壮年期に入っていく。壮年期を終えるのは年金世代となる60代半ば。それ以降は実年期で80歳で終える。こうなると人生二毛作、二期作どころか、職業を3つ経験することができる。キャリアは3期あるのです。そして、80歳から熟年期、大人期、仙人期へと入る。それも3期あり、人生は大人になってから6期あるということになります。

孔子の人生訓の呪縛から脱却して、人生100年時代にふさわしい人生観を持ちたいものです。これを「新・孔子の人生訓」と呼びたいと思います。

人生は、肉体的自由を土台に、経済的自由と時間的自由を得て、精神的自由を得る旅である

人生全体の年齢区分の次には、人生を全体としてどう考えるかという問題があります。私たちは、人生という旅をどのようなものとしてとらえたらいいのでしょうか。

私は、人生とは豊かさ（自由の拡大）を求める旅であると定義したいと思います。肉体的自由を土台に、経済的自由と時間的自由を得て、最終的に精神的自由を求める旅が人生であるという考え方です。カラダ、カネ、ヒマを得て、ココロの自由を求める旅なのではないか。ココロの自由とは、やりたくない仕事をやらない自由。会いたくない人とは会わなくてよい自由、言いたいことを制限なく発言する自由です。

以上2つの人生観で、100年時代を乗り切っていきましょう。

人生は豊かさ（自由の拡大）への旅である

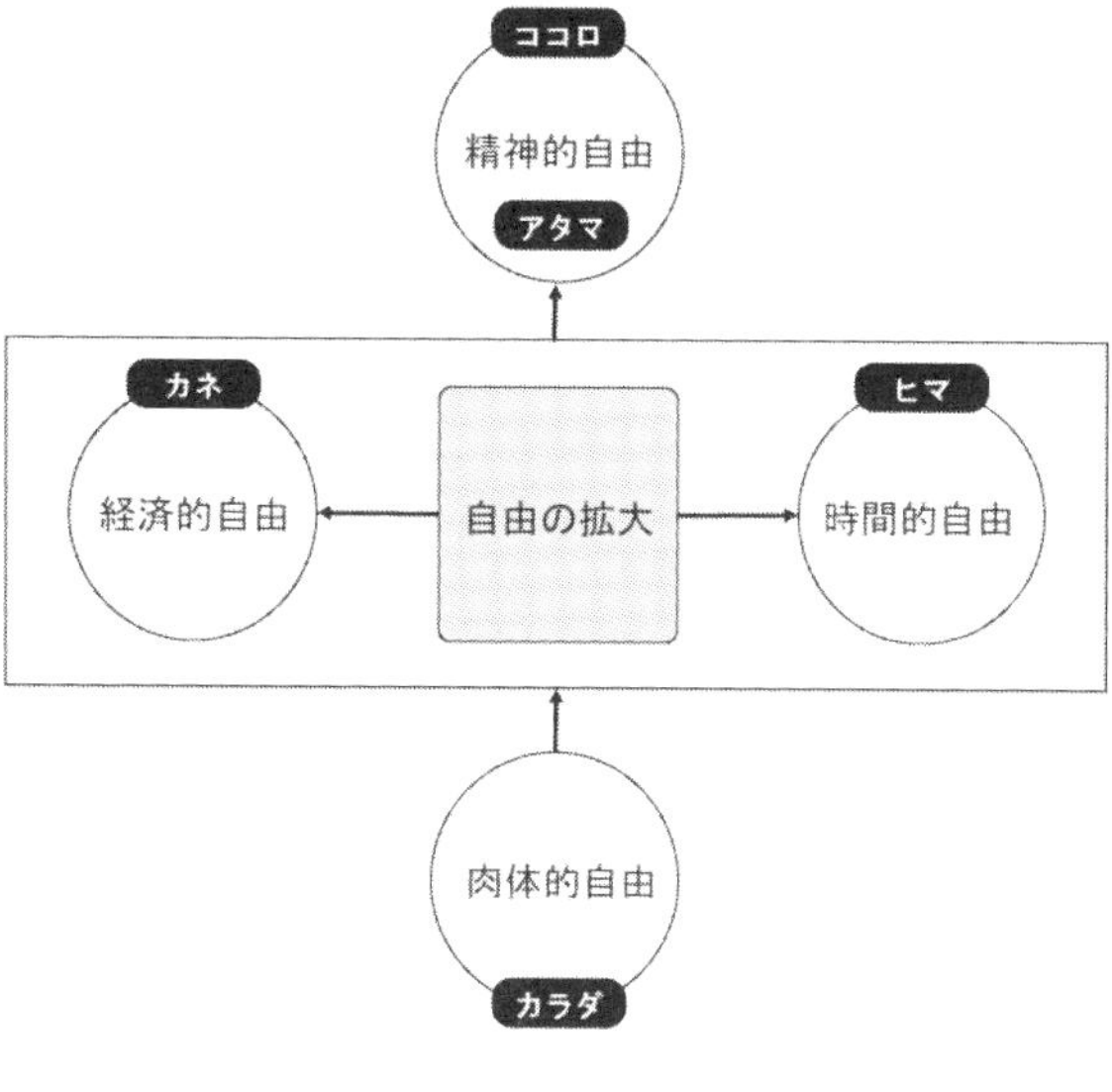

Ⅱ　ＳＮＳ時代の知的生産の技術

1．壮年期（48歳～64歳）。二足のわらじから二刀流へ

「新・孔子の人生訓」では壮年期は48歳から64歳になります。私のビジネスマンからの転身は47歳ですから、壮年期は教育者としてスタートを切ったことになります。１９９７年のことです。今から振り返ると、ちょうどインターネット時代が本格的に始まった時期にあたります。40代半ばまでの青年期（24～48歳）には、ビジネスマンとしてハードな仕事をこなしながら、知的生産活動として本を書くという「二足のわらじ」的な生活を送っているという意識がありました。メジャーリーグで活躍を始めた大谷翔平にならって「二刀流」とでもいいましょうか。47歳で大学教員に転身したのですが、壮年期は教育者として立っていくということになったのです。

◇ホームページを自前で創る

「インターネット時代は図解の時代だ」と考えて、宮城大学にいた1999年からコツコツと図解を使ったホームページ（ウェブ）をつくってきました。インターネットの本家であるアメリカにはそんなものはありませんから、一つひとつ自分で考えてつくるほかはありません。教育や研究という仕事の結果、メディアへの露出や講演などの社会参画、そして私生活の様子、過去の道程の資料の貯蔵……など、あらゆるデータがこの中に蓄積されていきました。

自分自身がやっていることを体系的に把握できる装置となり、自分自身の人生のマネジメントを意識する、自分の脳が外に存在しているような感覚になる。目に触れると考える機会が多くなり、自然に情報が増えていく。現状が見えるから次になすべきことがわかるから前向きになる。自己肯定感が増していく。まさに脳外革命です。内部脳と外部脳が互いに刺激し合いながら、日々、増殖していくのです。

このウェブは、最初は教育・研究・建学という3つの枠があっただけでした。2年め、3年めには訪問者と語り合う「サロン」ができました。「教育」では講義とゼミが主体で、シラバスとアンケートの掲示から始まり、授業評価、配付資料の掲載とふくらんで、年度の進行とともに量が増えてきました。「研究」でも同様で、所属学会、発表要旨、「知的生産の技術」研究会での例会セミナーの情報が充実していきます。

4年間の「建学」が終わると、この欄は「地域貢献」に変化します。地域活動やマスコミに登場した記事も掲載されていきます。掲示板も「久恒サロン」だけでなく、教育や研究でも設置するようになります。「情報源」も同様で、当初は「リンク」という名前で東京―仙台間の新幹線の時刻表とのリンクなどが中心でしたが、「情報源」へと変化していきます。各ブロックが一つの「系」として発展していきました。ホームページの進化とともに、自分自体が増殖していく不思議な感覚なのです。

時間がたつと、だんだん複雑化していきます。ウェブは生命体です。内胚葉から、中胚葉、そして外胚葉ができるように、進化していきます。そのウェブの進化とともに、それをつくっている自分も進歩していくのです。

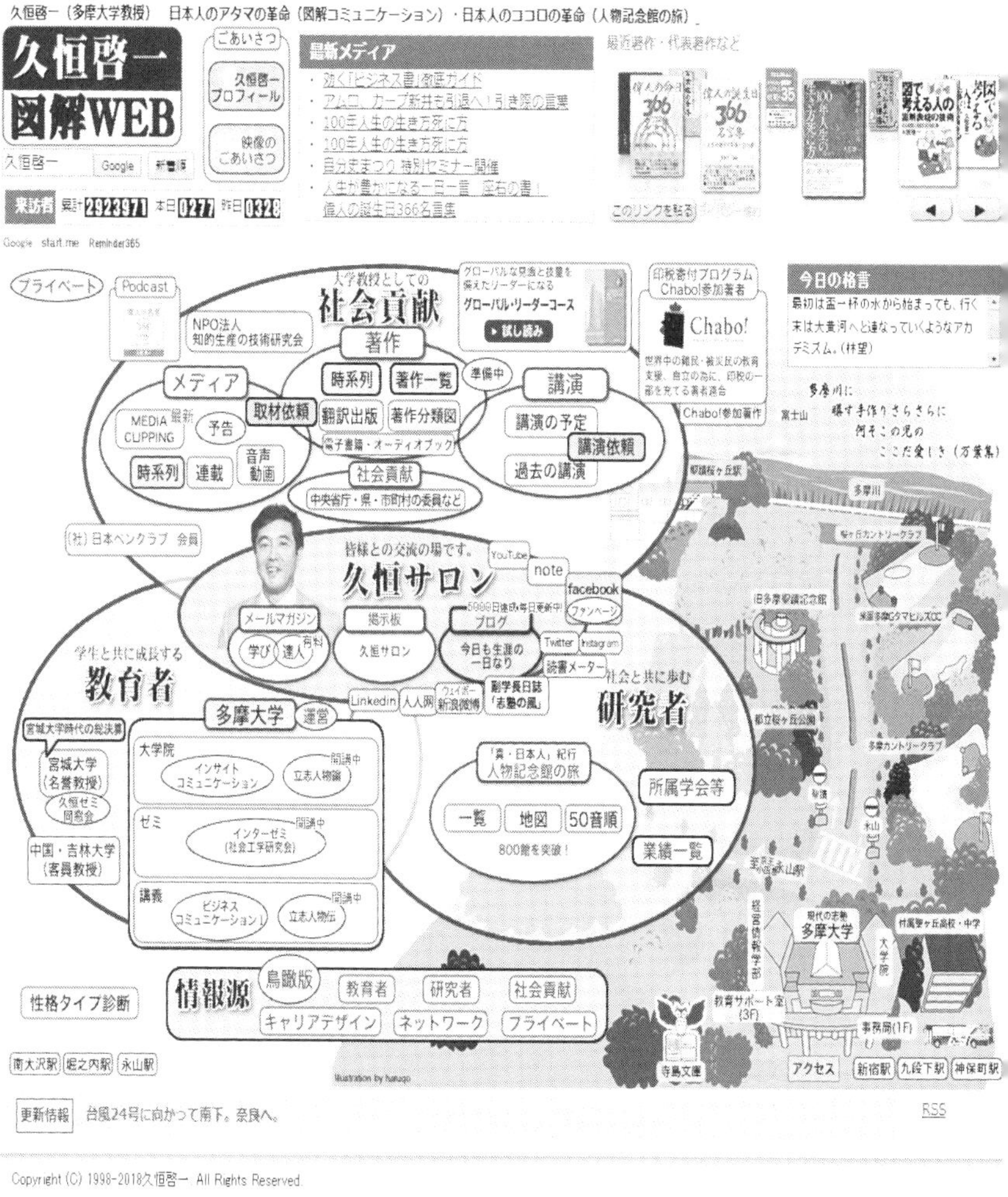

久恒啓一 図解WEB トップページ

久恒啓一図解WEB これまでの歩み

オープン

1999年2月1日　「図解ＷＥＢ」正式オープン
「久恒サロン」など主要コンテンツが続々とオープン

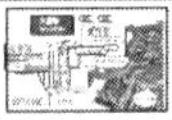

画像をクリックすると大きな画像で見られます

2年目

2000年2月　サイト内検索の導入
5月　メルマガ「ビジネスマン教授日記」開始
10月　「インターネット図解塾」開講
11月　ＵＲＬを現在の「hisatune.net」に変更

3年目

2001年4月　大幅なリニューアル
10月　アクセス数10万ヒット達成！

画像をクリックすると大きな画像で見られます

4年目

2002年5月　著書『図で考える人は仕事ができる』がベストセラーに。アクセスも急増
2003年1月　アクセス数20万ヒット達成！

画像をクリックすると大きな画像で見られます

5年目

2003年4月　メルマガ「ビジネスマン教授日記」が殿堂入りメールマガジン（創刊2年以上、読者数3000人以上のメールマガジン）に認定
9月　アクセス数30万ヒット達成！

画像をクリックすると大きな画像で見られます

6年目

2004年6月　アクセス数40万ヒット達成！
7月　大幅にリニューアル！
2005年1月　『図解マスター』発売発表
1日で2,000アクセスの日も！

画像をクリックすると大きな画像で見られます

７年目

2005年2月1日　「図解ＷＥＢ」が６周年を迎える
※オープンからの累計アクセス数
約476, 000ヒット

2006年1月10日　人物記念館訪問数が80件を超える

ブログ「今日も生涯の一日なり」を毎日書き続ける
ブログ、メルマガ、ＨＰの連携体制が確立

画像をクリックすると
大きな画像で見られます

８年目

2006年2月1日　「図解ＷＥＢ」が7周年を迎える
ＨＰオープンからの累計訪問数が59万

2006年8月21日　ブログ「今日も生涯の一日なり」
700日連続記入

2006年10月2日　リニューアル！

画像をクリックすると
大きな画像で見られます

９年目

2007年2月1日　「図解ＷＥＢ」が8周年を迎える

2007年4月16日　アクセス数が70万ヒット達成！

2007年6月24日　ブログ「今日も生涯の一日なり」
1000日連続記入

画像をクリックすると
大きな画像で見られます

10年目

2008年4月1日　多摩大学への就任に伴い、
大幅にリニューアル！

画像をクリックすると
大きな画像で見られます

2019 年以降も継続中 !!

訪問者は体系を見せられることで、自分の知りたい情報が全体の中でどういう位置にあるのかがわかり、いきなり核心にアクセスできる。また私自身にとっても、常に自分の仕事の全体像、そして私生活を含めた人生が目に入るので、仕事への意識が高まり、また人生を強く意識することになる。つまりライフコンシャスが高くなってきます。

実務に関わっている人は多忙であり、緊急の仕事を必死にこなしているうちに、全体像がぼやけてくる。私たちは常に仕事と人生の全体を再編し続けなければなりません。このウェブは自己啓発がテーマとなっているともいえます。自己啓発を強く意識すると、仕事や人生についての問題意識が強くなり、現在の仕事を「天職」として意識し、精力を注ぐようになったり、さもなくば転身や「転職」願望が高まります。どちらも生き方を真剣に考えるということでしょう。

ホームページを毎日運営し眺めていると、今までやってきたこと、考えていること、そして今後やりたいことなどが自然に心に浮かんでくる。友人や知人に感謝の念が湧いてきたり、自分の過去が形になっていることを確認でき、落ち込む期間が短くなり、自己肯定感が高まってきます。そして、次にやるべきことも意識するようになり、前向きな気持ちで毎日を過ごすことができる感じがあります。

自分がやるべき仕事、研究するつもりのテーマ、会いたい人のリスト、友人からの情報、仕事の結果などに取り囲まれていると、考える機会が多くなってきます。それで自然にその内容が充実してくるというサイクルが回ります。部屋の壁に金言が書き込まれたカレンダーを目にしたり、手帳に格言が記載してあったりすると、影響を受けるのと同様に、私たちは自分を取り囲む環境や装置を自ら設計することが大切なのでしょう。ホームページはそういう意味で大切な装置なのです。

大型のプロジェクトでは、いい加減なコンセプトで進んでいくと、途中で迷いが生じるなどして、失敗の憂き目にあうことになります。背骨のしっかりした企画でないと、時間と環境の変化の中でしだいに変質し、成功にまでいたらない。ホームページは自分自身の投影と考えて、当初からしっかりした骨格をつくることが大事です。

新聞や雑誌で注目するサイトや話題の人物を目にすると、自分のホームページの体系の中でどう扱おうかと考えている自分を発見します。また、間違いや、修正すべき箇所の発見、そして時々刻々と変化する状況にともなって変更が必要な箇所、色や形の違和感など、毎日のように改善点が見つかるのです。一番真剣なのは自分自身ですから、そういった箇所を忍耐力でこまめに修正を繰り返していくと内容はどんどん進化していきます。

◇ホームページづくりは家づくりと同じ。まずは設計図から

どんなに文章力がついても、いきなり文章を書きだしてはまともな文章にはなりません。文章を書くということは答えを書くということです。いきなり文章を書き始める人は、何の準備もせずに家を建て始める人に似ています。このような家が満足に住むことができるようなものに仕上がるはずがありません。

文章にも設計図が必要であり、設計図がしっかりしていれば、きちんとした文章を書ける可能性も高くなります。文章の設計図には、家と同様に全体の間取りや柱がイメージされていなければなりません。その上で内装や材料の吟味などの細部に意識を集中する必要があるのです。

さて、ホームページの立ち上げもこの家づくりによく似ています。設計図を描く段階が最初の関門です。どのような目的でホームページをつくるのかをよく練る必要があります。人に見せるためなのか、自分が快適に過ごすためにつくるのか、ＰＲを主眼にするのか、実用的なものにするのか、という「目的」を決める必要があります。これはホームページ

のDNAともいうべきものであり、ホームページはこの考えに沿って充実していきます。

次に「間取り」を決める必要があります。リビングを広くとってワンルームにするのか、三つの部屋をつくって独立した生活をするのかということを決める必要があります。骨格を決めることによって、各コーナーの使い勝手も決まってきます。

大切なことは、ホームページは成長するということを設計に組み込むことです。時間の経過とともに改築や増築を繰り返しながら、満足のいくホームページが次第に姿を現わしてくることになるでしょう。

◇ホームページは図解コミュニケーションで

インターネットの時代になったにもかかわらず、流れている情報のスタイルにはあまり注意が払われていないという印象を私は持っています。今まで通りの文章、テキストというスタイルか、あるいは、写真や動画をふんだんに使ったホームページをよく見かけます。

文章は書き手の考えたとおりに読まされるので疲れるものであり、しかもその文章が論理的に理解できるかどうか保障はされておりません。また映像や動画はそのものを見せればインパクトがあるだろうという勝手な思い込みで載せられていますが、私たちは現実そのものを加工しないで見せられてもよくわからないのです。

情報を伝えるためには何かしらの「編集」が必要です。それは現実をどのように加工したら真実が見えてくるかという視点を持つ必要があることを意味しています。

図解コミュニケーションの考え方は、対象の「全体像と部分同士の関係」を明らかにする手法ですので、よく練られた図解を見ると「わかった」という感じを持つことができます。図解コミュニケーションは理解が速く、そして深いという特徴があるため、インターネット時代には最適の考え方であると思います。

この考え方で「久恒啓一図解ウェブ（Website）」を発展させるのです。

◇小さく産んで大きく育てよう

「ホームページを作るぞ！」という決意に燃えてとりかかる人が、半年、一年とたっても成果物が完成しないケースによく出会います。これはなぜかというと、最初に気合が入りすぎて、友だちがあっと驚くようなすごいホームページをつくろうとしすぎるからです。

ある人は、過去のすべての資料をホームページに入れてしまうなど完全なデータベースに仕立ててから公開しようとか、過去の情報を整理して掲示しようとか、大きな労力をかけた上でホームページを公開しようとしています。こういうケースはほぼ失敗するといっても過言ではありません。

ホームページ作成で重要なことは、どのようなものにしたいかという「構想」です。仕事・家庭・個人という三本柱を立てるとか、趣味の分野に特化してつくるとか、掲示板を重視してチャット機能を前面に出すとか、検索機能を充実させるとか、ホームページの将来の姿をイメージすることが何よりも大切です。そしてそのコンセプトを崩さないように留意しながら、石を積み上げるようにふくらましていくのです。

私のホームページの場合は、１９９９年の2月に新規開設した段階では「教育」「研究」「建学」の三本柱と、「サロン」と「情報源」で出発しました。当時のデザインはシンプルでしたが、時間の経過とともに大きくなり充実してきて、思いもかけず膨大な中身を持つようになってきました。

しかし、当初抱いた「構想」は堅持しており、それが骨格となって大きく育ってきています。ホームページは目鼻立ちのしっかりした骨格で「小さく産んで大きく育てる」ことが成功の秘訣だと思います。

◇テーマを持つ

テーマを持つと情報感度が抜群に高まります。テーマを持った瞬間から世の中が違った色で見えてくる。テーマを持つということは、世の中をある角度から丹念に見ていくことです。テレビを見ているとき、人とお酒を飲んでいるとき、インターネットでサーフィンをしているとき、あらゆる場面でテーマを持たなかった頃は見逃したであろう情報や予兆にも敏感に反応するようになります。

思い切って自分のテーマを世の中に宣言するとどうなるでしょうか。自分のテーマを中心としたコーナーやリンク集をつくることは、社会に向かって宣言したことになります。例えば、キャリアデザインをテーマにしたとすると、就職・転職・中途採用に関するサイト、人材バンク、研究者公募サイトなどが目に入るでしょう。それらにリンクをはっていると、自然に最新の情報に接することになり、厚みのある最新情報の体系ができあがる可能性がでてきます。テーマを宣言すると専門家になれる時代になってきたのです。

◇久恒コミュニティ・久恒ネットワークの構築

会社の名前にドットコム（.com）をつけた企業のホームページが数多くあります。この場合の「com」は会社を意味するcompanyの省略形とみるのが普通です。しかし私は、自分自身のドメインネームを取ろうとしたときに、このcomを勝手にコミュニティのcomであると考えて、hisatune.com、つまり久恒コミュニティと考えることにしたのです。

ホームページの開設当時に宮城大学客員教授であった西和彦さん（アスキー創業者）からアドバイスをいただきました。

「.comは会社を意味するから利益がらみという印象を与えるので次のようにしたらどうか。.netというのがあるからメインはhisatune.netとする。.orgを使ってhisatune.orgとすると社会貢献のために自分の組織を持っているという感じになる。.comは利益をあげることを前提としたプロジェクトに使う」

なるほど、私が今、挑戦しているホームページ（当時は電脳テーマパークと呼んでいました）づくりは、www.hisatune.netがふさわしい。組織や人や情報とネットしている世界ですから、.netを使うのが一番いいのでしょう。私が指導教官をつとめるゼミの卒業生の集まりや自分が中心の勉強会などは、hisatune.orgがいいし、収益をあげることを考える場合は、hisatune.comというように使い分けをするということです。自分のホームページの世界がいくら拡大してもこのように設計しておくと対処可能ではないでしょうか。

◇インターネット情報は玉石混交だから面白い

混沌とした状況を新しい系として紡ぐために苦心を重ねるわけですが、思いがけない情報が系の中心的なキーワードになったり、ちょっとした情報で全体を見直したり、一つの事実がまったく新しい切り口で語れることを発見したりすることがよくあります。取材もそうですが、何があるかわからなくて、意外な発見に満ちているからこそおもしろいのではないでしょうか。

そういう意味ではインターネットの世界の情報は玉石混交であり、そのことがむしろインターネットの魅力であると考えるべきでしょう。創造のためにはこの玉石混交の場を活用することがいいと思います。

◇「リンク」と「サロン」と「データベース」がポイント

ホームページを中心とした生活を送っていると、情報源としての「リンク」と、世の中との交流を司る「サロン」と、自分に関する記録の倉庫である「データベース」の3つがポイントであるとわかってきました。

「リンク」は仕事上で使う情報源が中心となっており、政府や県庁、自治体の制作資料や統計、新聞のデータベース、書評欄を持つ本の発注サイトなど役に立つ情報源を持っているということですから、本当に助かっています。

「サロン」はいうまでもありませんが、友人・知人・学生などとの貴重な交流の場となっています。実際には会う機会はなかったり、少なかったりするのですが、サロン上でのやりとりで深い友人関係になった人も数多くいます。ありがたい仕組みです。

「データベース」について少し詳しくいうと、自分が関わった仕事のデータを収集することから始めたのですが、しだいに過去の仕事に関する資料や大学時代に書いた文章、クラブ活動の記録にも収集の手がのびるようになってきました。企業に勤めていたときに社内報や業界紙に書いた文章、新聞に取りあげられた記事、当時の上司がみた自分の仕事ぶりを記録したエッセイなどで、その当時の自分の仕事ぶりを思い出すこともできるようになっています。

実家に帰省したときに、母親と一緒に子どもの頃の資料が残っていないかと探したところ、小学校と中学校の通知表と、小学2年生のときの絵日記、高校時代の模擬試験の順位表などが出てきて驚きました。

絵日記では自転車に初めて乗ったときの父の様子や、家族のサイクリング、お墓参り、ゆかた姿、弟とのやりとり、トンボとり、宿題をする様子などが鮮やかに思い出されました。これはスキャナで読み込んで掲載しています。こういう形で残さないとまたどこかにいってしまうことは間違いないでしょう。

小学校1年生の1学期の通知表で、担任の高山先生という女性教師が「仕事は速いが、少し雑なのでお気をつけください」と父と母に向けた言葉を書いてあるのには思わず苦笑してしまいました。「昔から変わっていないなあ」とつくづく感じたものです。

自分に関する「古文書」の発掘に本格的に乗り出そうと思うようになりましたが、そうすると今度は父や母に関する資料、そして先祖に関する資料にも関心が広がってきました。また大学入学、就職、転勤、結婚などの折に触れて母親がつくった短歌も選んで載せていますが、私自身の節目の様子がよく描かれていて、ありがたい資料になっています。

◇リンク・リンク・リンクで世の中すべてがつながる

ホームページの本質はリンクに尽きるといっても過言ではないと思います。関係のあるところにリンクをはりまくっていると、「世の中はすべてつながっている!」と感じるようになってきます。自分に関係のある組織、情報源、施設、人物などが整理されて自分のホームページの中で相応に位置づけることができるのです。

つまり私自身に関係する情報がつながっているということです。自分と関係のない情報は存在していないのと同じことであって、関係が出てきたときに取り入れればいいということでしょうか。

例えば「東北家族旅行」というセクションが私のホームページにあります。

家族旅行した時期と場所を地図上にプロットしたものですが、野口英世記念館、会津若松城、岩手県龍泉洞、花巻大沢温泉、山形県酒田市、青森自然公園ねぶたの里、恐山、三内丸山遺跡などを紹介しているサイトをリンクしてみると、見た人はそのサイトで情報を得たり、追体験できるということになります。興味のある人は、私の家族旅行の地図の中で遊ぶことによって、旅行計画のヒントが見つかるかもしれません。

また私のホームページのトップページには、大学周辺の施設を描いた地図を掲載しています。宮城大学時代は、県立図書館、県総合技術センター、サイエンスパーク、ゴルフクラブ、テニスクラブ、ロイヤルパークホテル、３００万坪の泉パークタウンなどを地図上でクリックすると､その施設のホームページに入っていくようにリンクをはっていました。

自分自身に関係があるものはすべてリンクをはるということに次第になってきました。

不思議なものでこのようなリンクに取り囲まれていくと、逆に自己が確立されていくというような感覚が湧いてきました。自分という存在は、多くの関係の中で浮かんでいる存在である、という意識が強くなってきたのです。

◇ホームページに入口を作れば見知らぬ世界へ旅立てる

「人はその人にふさわしい事件にしか出会わない」という言葉を、若いころに聞いて驚いたことがあります。そのころの私はどうしてさまざまな事件が自分には起きるのだろうかと不思議な気持ちになっていましたが、結局は自分が招いたことだったと妙に納得させられた言葉でした。

今の私は「性格は変わらない、しかしコントロールできる」、また「人格は積み上げることができる」という立場をとっています。

その一因はエニアグラムという性格診断の勉強を始めたことが影響をしています。

「人間には９つの性格タイプがある。このタイプは幼少期に親との関係で形成される。このタイプは生涯にわたって変化しない。それぞれの性格には良い面と悪い面があり、それぞれ段階がある。９つのタイプはほぼ均等に存在している。良い影響を受けるタイプと逆のタイプもある。社会はこの9つのタイプが織り成す人間模様である」

まあ、ざっというとそんなことでしょうか。

授業でも一部導入していますが、受講生の反応は大きいものがあります。このエニアグラムという考え方への入り口をホームページの中につくり、あとは正式な日本エニアグラム学会のホームページへと飛んでもらい、関心のある向きは勉強してもらおうという趣向になっています。ホームページの中に入口をつくることによって、一挙に見知らぬ世界へ旅立つことができるのですから、便利です。

◇「図解ウェブ」は自前の基地から航空母艦へ

その後、ブログやツイッターなどさまざまなサービスが出てきて、その都度参加して試してきました。その結果、「図解ウェブ」は自前のベースキャンプ(基地)となってきました。最近では、その基地は私の行動とともにある移動可能な航空母艦となった感があります。この空母は生命体です。日々進化しています。ブログ、ツイッター、フェイスブック、ラインﾞ、インスタグラム……などのソーシャル・ネットワーク・サービス（SNS）に出す自身のフロー情報は、外へ向けて発信されると同時に、空母に戻ってきてストックとなって厚みを増してくる。個々のSNSは性能の高い戦闘機のようなものです。最初、インターネットの世界にこぎ出したときは、小さな船という感覚だったのですが、今は空母になりました。

◆教育者

◇授業

多摩大学

○学部「ビジネスコミュニケーション」「立志人物伝」。シラバスと授業アンケートとレポートと授業評価を掲載。

○ゼミ「インターゼミ（社会工学研究会）」、シラバス、ゼミの様子。

○大学院「インサイトコミュニケーション」「立志人物論」。シラバス、授業評価、受講生の声。授業の感想。

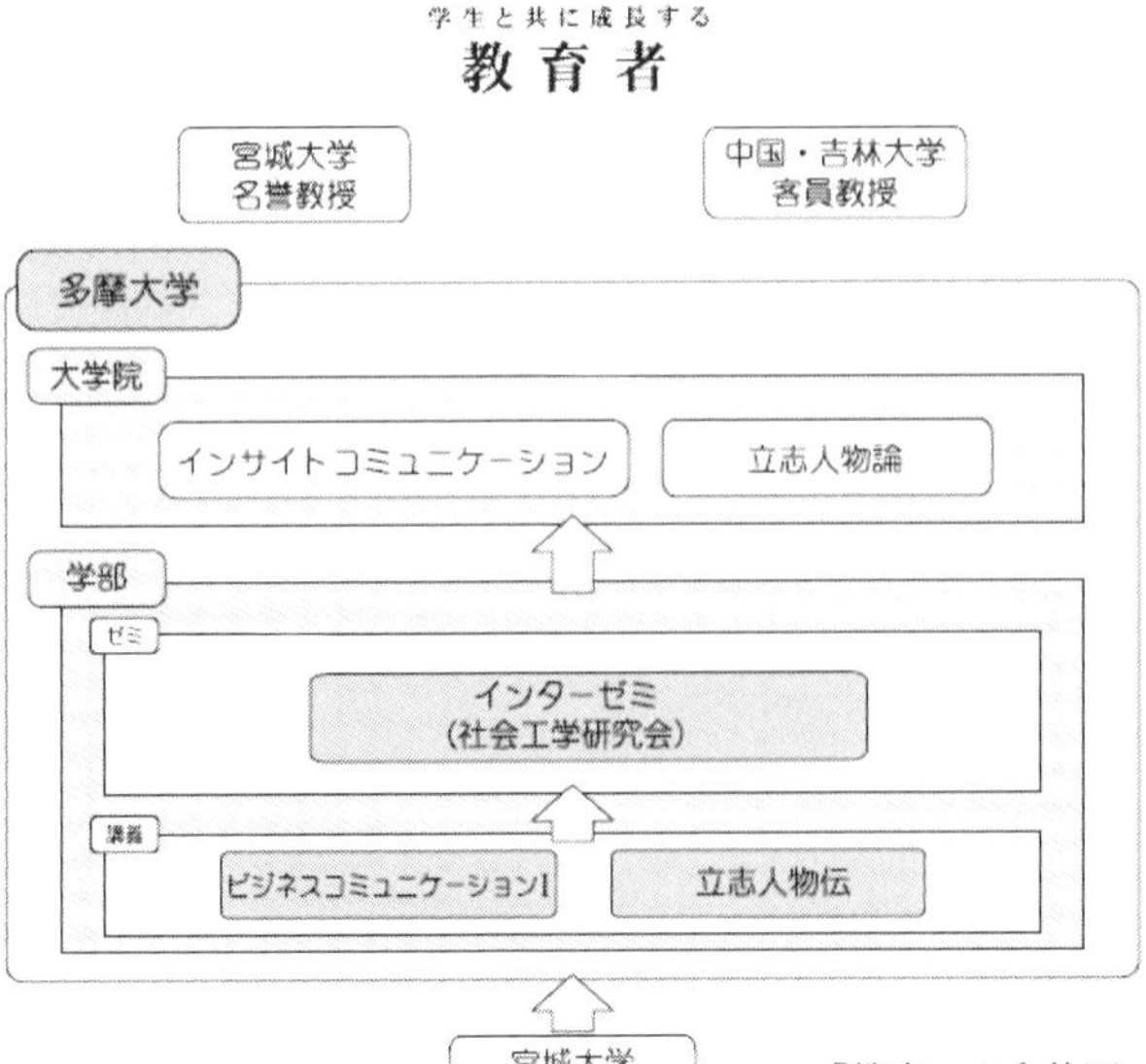

「教育」の全体図

◇宮城大学時代の総決算

「宮城大学時代　11年間の総決算」（1997年度～2007年度）として、48ページの総括を掲げてあります。教育者・研究者・地域貢献、建学への参画。それぞれ、数字をあげての総括となっています。

また、「さよなら講義の様子」の写真や動画をアップしてあります。

◇中国・吉林大学

宮城大学時代に客員教授をしていた中国東北部の吉林省長春市にある中国最大規模の吉林大学の東北アジア研究院。校訓、辞令、そして記念講演の写真など。２００５年に母と訪問した写真も掲示しています。

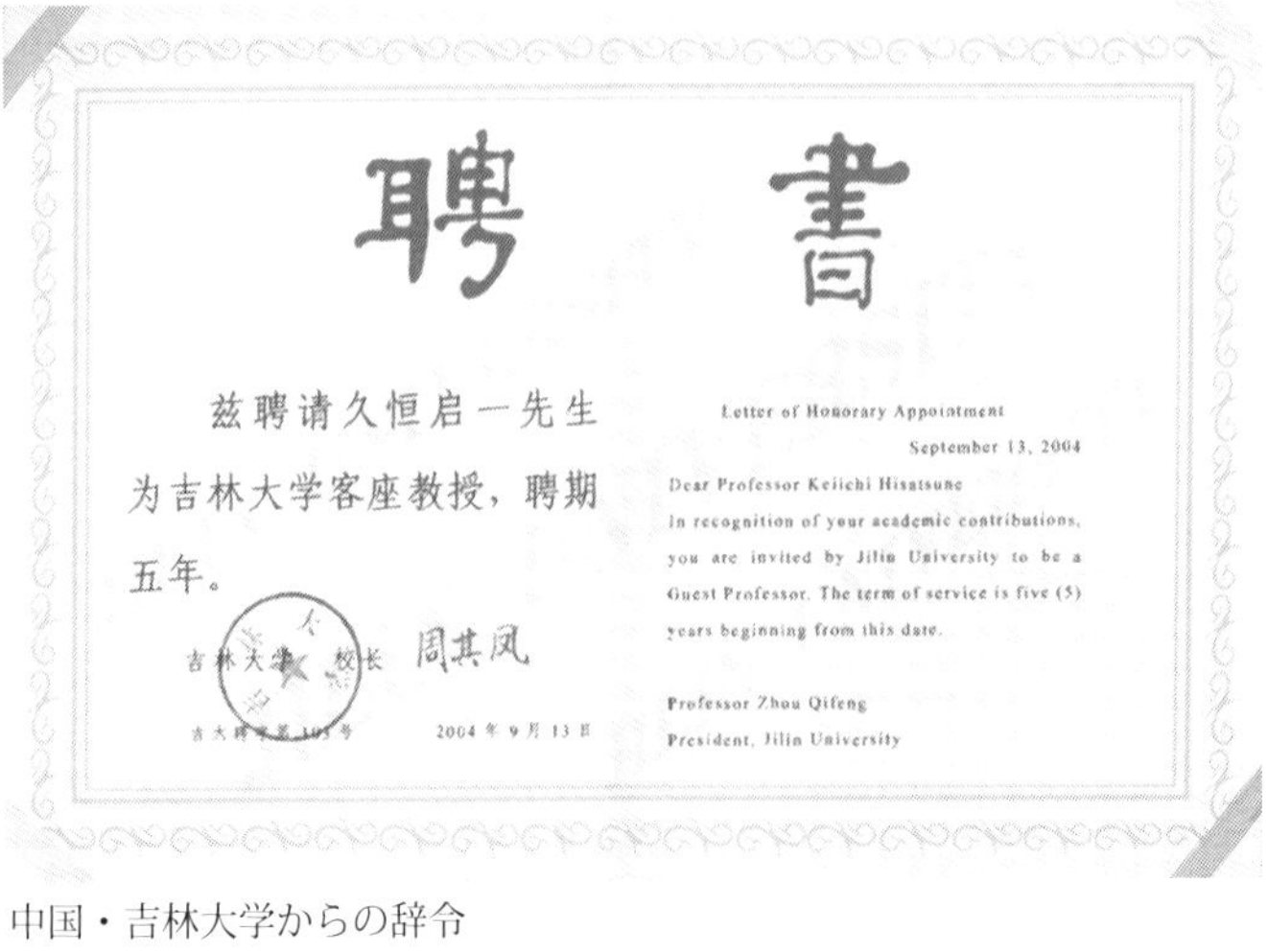

聘書

兹聘请久恒启一先生为吉林大学客座教授，聘期五年。

吉林大学　校长　周其凤

吉大聘字第105号　2004年9月13日

Letter of Honorary Appointment

September 13, 2004

Dear Professor Keiichi Hisatsune

In recognition of your academic contributions, you are invited by Jilin University to be a Guest Professor. The term of service is five (5) years beginning from this date.

Professor Zhou Qifeng

President, Jilin University

中国・吉林大学からの辞令

◆研究者

現在の私は、「日本人のアタマの革命（図解）とココロの革命（人物記念館の旅）」をライフワークとしています。

◇図解コミュニケーション

日本中に蔓延する文章中心主義に異議を唱えて、１９９０年に最初の著作『コミュニケーションのための図解の技術』（日本実業出版社）を上梓してから、四半世紀以上がたちました。

この間、注文に応じて書いてきた書物は、気がつくと１００冊を超えてきています。結果的に「図解コミュニケーション」の理論、技術、展開が一つの体系を形づくってきました。

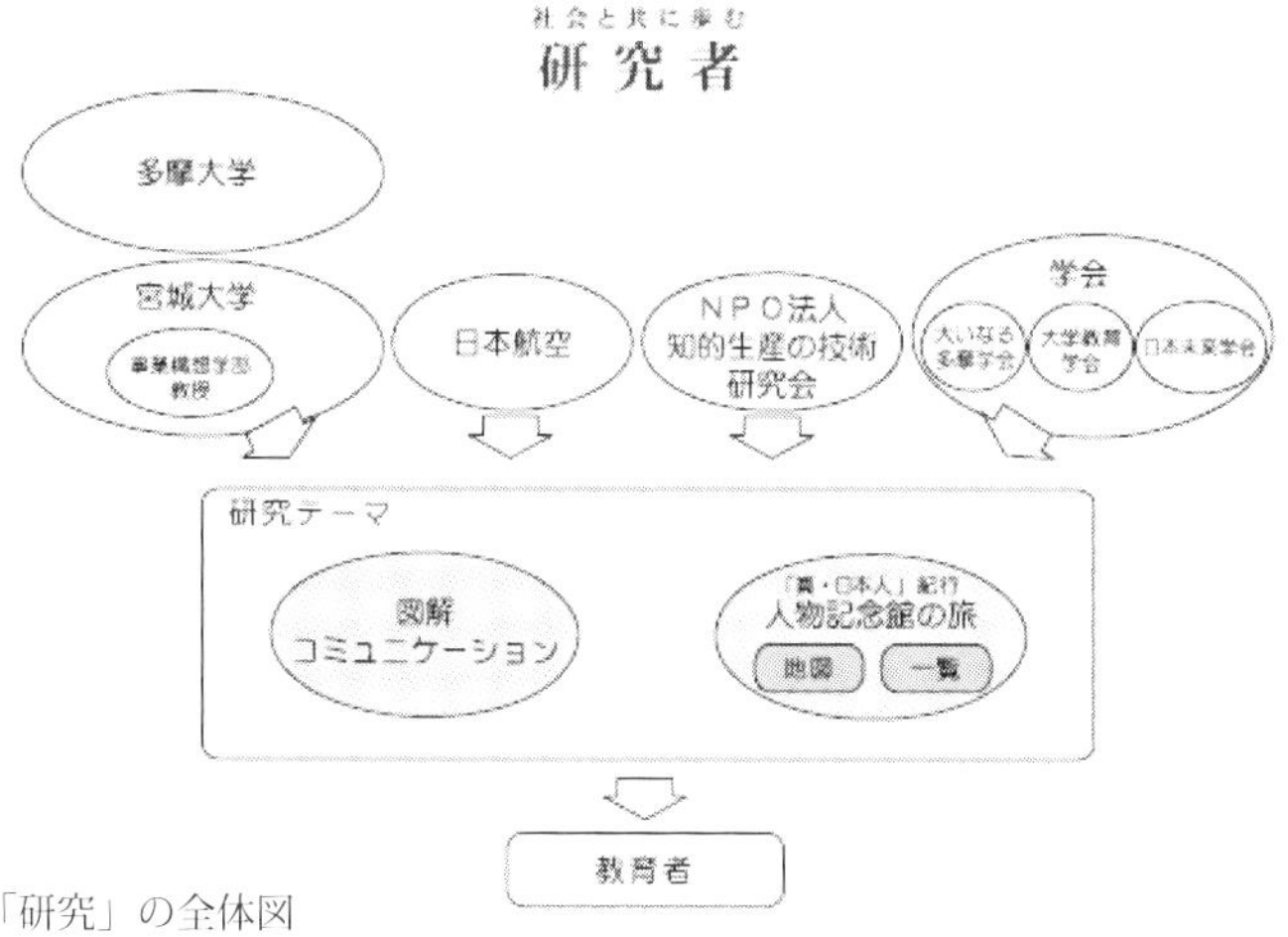

「研究」の全体図

展開としては、「経済白書」など国内の白書、ドラッカー理論、女性の幸福論、知的生産手帳、会議の技術、仕事論・仕事術、社会的合意形成論、キャリア、人生戦略、ライフデザイン、世界の名著、日本の歴史など、図解化に取り組んだ分野は多岐にわたっています。

海外での翻訳出版も多く、中国では「ドラッカー」など3冊、韓国では「ライフデザイン」や「仕事術」など8冊、台湾では「資本論」や「プレゼン」など7冊が既刊で、準備中のものもあります。特に東アジアの国々での需要が多い。また最近では、電子書籍の出版数が増えており、19冊を数えています。

また、自治体、グローバルに事業を展開している大手企業や、JICA（国際協力機構）での国際コミュニケーション研修、財務省税関研修所でのODAを使った途上国の税関職員研修の講師陣を対象とした講演・研修にも出講しており、世界言語としての「図解」の可能性を改めて確信するようになりました。

こうした「文章と箇条書き」を中心とした仕事のやり方への批判と、図解を用いたコミュニケーションのすすめは、ある程度の賛同者を得ていると判断していますが、まだまだ道は長い。このアタマの革命ともいうべき「図解コミュニケーション」の理論化と応用が第1のライフワークです。

◇人物記念館の旅

２００５年正月の福澤記念館から本格的に始めた全国を巡る「人物記念館の旅」も、早いもので14年目を迎えています。１００館を超えたあたりでは、「百説」という言葉があるように、入門というか卒業というか、ある地点に立ったという感慨がありました。２００館を超えたときには、この旅は「聖人巡礼」だと意識することになりました。

そして、この旅は私のライフワークの一つともなって、２０１８年中に８５０館を突破しました。

宮城大時代（仙台）：２００４年9館、２００５年70館、２００６年60館、２００７年76館。

多摩大時代（東京）：２００８年46館、２００９年53館、２０１０年76館、２０１１年64館、２０１２年61館、２０１３年75館、２０１４年60館、２０１５年60館、２０１６年43館、２０１７年64館、２０１８年40館と、平均して1年に約60・6館訪問している勘定です。月に5・1館だから、毎週1館以上のペースになります。

◇私の「人物記念館の旅」と重ねあわせて――今西錦司の生き様

今西錦司（１９０２～１９９２年）は、私の師匠の梅棹忠夫先生の、そのまた師匠です。

「長い一生のあいだなにをしてきた、そしてなにをのこしてゆくのか」と、今西は自問し、「終始一貫して、私は自然とはなにかという問題を、問いかえしてきたように思われる」と述べています。科学があつかいうる現象は氷山の一角であり、氷山全体を論ずる立場が自然学です。そして今西は「今西自然学」を確立します。柳田民俗学、梅棹人類学と同様の偉大な学問体系の創立者でした。

今西錦司という名前は、京都学派の棟梁として燦然と輝いていました。ところが、今西の著作や評伝を読むうちに、今西が「遅咲き」の人だったことがわかってきて、大変驚きました。従来の学問の枠にはまらずに研究をしたため、不遇の時代が長かったのです。「万年講師」といわれるほど講師時代が長く、しかも無給でした。この点は梅棹忠夫先生も自著で自分のことを「万年助教授」だったと述べているのと同じです。今西は57歳でようやく京都大学人文研の社会人類学研究部門の教授に就任するのですが、定年は63歳ですから教授在任期間はわずか7年に過ぎなかったのです。定年後は岡山大学に移り、65歳で岐阜大学の学長に推され、6年の任期を全うします。

自然学の業績の素晴らしさで、文化勲章を授与されました。私は「山岳学」を打ちたてようとした今西の山行の記録が目に留まりました。62歳で４００登頂、いつか達成しようと夢見ていた「日本五百山」を66歳で達成します。岐阜大学学長を退官した71歳の時に、日本山岳会会長に就任し、山行のペースがあがり、「日本千山」を達成するのが76歳です。10年で５００山を踏破しています。77歳で文化勲章を受賞。その後も山行は続き、そしてとうとう「日本千五百山」を83歳で達成しました。この間、わずか7年。その後は、数を数えずに楽しみの登山に変え、85歳の山行を最後としました。今西のことを書いた本の著者は「生きている限りはいつまでも山に登りつづけたい、巡礼者の姿のように、筆者にはおもえた」と書いています。今西錦司の山行も「巡礼」だったのです。

今西は地図上に、登った山道や車で走ったところもすべてに赤線を入れていました。赤線が入っていないところにいきたいのです。

90歳で老衰で大往生したとき、葬儀委員長の吉良竜夫は、「先生に接すると、新しいことに挑戦しようという意欲をかきたてられる。その存在だけで影響を与えることができる稀有の人だった」と述べています。影響を与える人が偉い人だという私の定義によれば、次代の梅棹忠夫、川喜田二郎などのそうそうたる高い山脈をつくったこの人の偉さは格別です。この今西錦司の山行きに、私の人物記念館の旅を重ねてみると、まだまだ頑張らねばならないと思います。

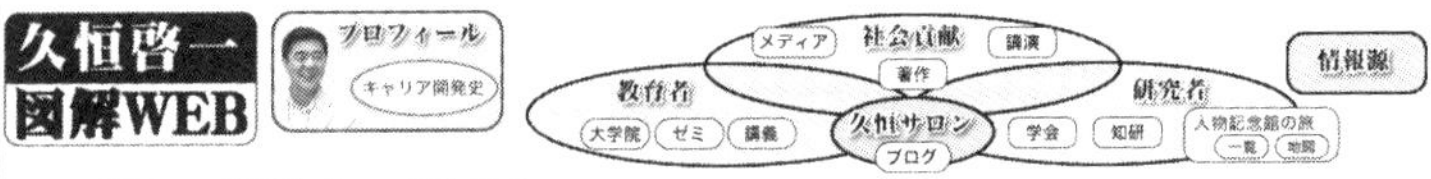

ホーム >> 研究者 >> 人物記念館の旅 >> 訪問記念館一覧

久恒啓一の
「真・日本人」紀行

人物記念館の旅

○は人物記念館の公式ホームページにリンクされています

2018年10月11日現在　訪問記念館：849館（企画展：239館）
800館 突破！

「近代日本人の肖像」はこちら

2018年（32館）

筒井康隆（企）	○	中江藤樹	○	清水安三	○	中村憲吉	○	東郷平八郎	○
菅茶山	○	ザビエル	○	中原中也	○	久下貴史（企）	○	石橋幸作（企）	○
石原裕次郎（企）	○	イサム・ノグチ（企）	○	マリ＝エティエンヌ＝ニト（企）	○	信藤三雄（企）	○	鈴木信太郎	○
黒澤明（企）	○	釈宗演（企）	○	イザベラ・バード（企）	○	松平不昧（企）	○	ルドン（企）	○
隈研吾（企）	○	鹿島茂（企）	○	ベラスケス（企）	○	ブリューゲル（企）	○	戸栗亨	○
斎藤茂吉（企）	○	ルドルフ2世（企）	○	谷川俊太郎（企）	○	角川源義	○	古河虎之助	○
渋沢栄一	○	太田黒元雄	○						

2017年（64館）

吉田初三郎（企）	○	南方熊楠（企）	○	熊谷守一（企）	○	岸清一	○	嘉納治五郎	○
シャガール（企）	○	安藤忠雄（企）	○	運慶（企）	○	澁澤龍彦（企）	○	東郷青児	○
山本周五郎（企）	○	夏目漱石	○	今泉利光	○	吉備真備	○	佐藤一章	○
田中塊堂	○	いがらしゆみこ	○	土屋文明	○	藤原啓	○	内田康夫	○
片岡鶴太郎	○	ベルツ	○	本間光丘	○	土門拳	○	長谷川等伯（企）	○
雪舟（企）	○	不染鉄（企）	○	山田定治	○	栗盛吉右衛門	○	竹村吉右衛門	○
鳥潟隆三	○	小畑勇二郎	○	宇野千代（企）	○	司馬遼太郎（企）	○	山本周五郎（企）	○
石橋湛山	○	歌川国芳（企）	○	ミュシャ（企）	○	アドルフ・ヴェルフリ（企）	○	ムットーニ（企）	○
横尾忠則（企）	○	清水次郎長	○	吉田茂	○	島崎藤村	○	徳富蘇峰	○
吉田達磨（企）	○	吉松真司（企）	○	徳川家康	○	喜多川歌麿	○	濱田庄司	○
山本有三	○	佐藤泰然	○	伊藤左千夫	○	五十嵐健治	○	湯浅八郎	○
熊谷恒子	○	川端龍子	○	岡村吉右衛門（企）	○	篠山紀信（企）	○	楠山永雄（企）	○
葛飾北斎	○	野田宇太郎（企）	○	賀古鶴所（企）	○	花森安治（企）	○		

2016年（43館）

小田野直武（企）	○	円山応挙（企）	○	梅原龍三郎（企）	○	島田依史子	○	志村ふくみ（企）	○
鈴木其一（企）	○	大隈重信	○	仙厓（企）	○	山本丘人（企）	○	平賀敬	○
孫文（広州）	○	藤城清治	○	レンブラント（企）	○	小林正樹（企）	○	二階堂あきら	○
国武金太郎	○	片岡鹿市（企）	○	内田百閒	○	中西亮（企）	○	安藤忠雄（企）	○
大谷竹次郎	○	歌川広重（企）	○	岩崎春子	○	国吉康雄（企）	○	エリスマン	○
鮎川信夫（企）	○	徳川家康（企）	○	川端康成（企）	○	三宅一生（企）	○	上橋菜穂子（企）	○
中井英夫（企）	○	荻野吟子	○	萩原朔太郎	○	千住博	○	吉岡弥生	○
成瀬仁蔵	○	広岡浅子	○	武田信玄	○	大村智	○	モネ（企）	○
浦沢直樹（企）	○	村上隆（企）	○	狩野一信（企）	○				

「人物記念館の旅」一覧表５－１

2015年（60館）

王貞治	○	荻原英雄（企）	○	新田次郎	○	堀内良平	○	一休（企）	○
磯崎眠亀	○	林源十郎	○	薄田泣菫	○	大原孫三郎	○	黒住宗忠	○
大岡信（企）	○	秋田雨雀	○	若乃花	○	斉藤仁	○	マリー・ローランサン（企）	○
山崎豊子（企）	○	水戸岡鋭治（企）	○	小宮裕宣	○	黒崎義介	○	池田貴	○
北原白秋	○	江戸川乱歩	○	マッカーサー（企）	○	河鍋暁斎(企)	○	伊藤豊雄（企）	○
ドラッカー（企）	○	鴨居玲（企）	○	植草甚一（企）	○	谷崎潤一（企）	○	上村松園・松篁	○
奥村太平	○	聖武天皇	○	公文公	○	伊藤若冲（企）	○	徳川家康（企）	○
丹下健三（企）	○	ジョン・F・ケネディ（企）	○	岡崎嘉平太	○	岸田吟香	○	宮本武蔵	○
片山潜	○	法然	○	平櫛田中	○	小野竹喬	○	仁科芳雄	○
美空ひばり	○	円谷幸吉	○	松尾芭蕉	○	武部吉次	○	壺井栄	○
柳生忠平	○	尾崎放哉	○	松永武	○	久留島武彦	○	リンカーン	○
児玉九十（企）	○	岡本太郎	○	辰野金吾（企）	○	岡崎京子（企）	○	池田あきこ（企）	○

2014年（60館）

東郷青児	○	赤瀬川原平（企）	○	中曽根康弘	○	水上勉（企）	○	難波田史男（企）	○
北大路魯山人(企)	○	ティム・バートン(企)	○	リー・ミンウェイ(企)	○	空海(企)	○	向田邦子	○
石川文洋（企）	○	黒田官兵衛	○	司馬遼太郎	○	坂野鉄次郎	○	竹久夢二	○
犬養木堂	○	山田方谷	○	大原孫三郎	○	児島虎次郎	○	星野仙一	○
大山康治	○	宇治山鉄平	○	末田龍介		モディリアーニ(企)	○	志賀直哉	○
入江泰吉	○	久保田一竹	○	ガウディ（企）	○	伊沢修二		蒋介石	
孫文（台湾）		児玉源太郎（台湾）		後藤新平（台湾）		岡本要八郎		川上瀧弥	
森山松之助		八田與一（台湾）		鄭成功（台湾）		羽鳥又男		茨木のり子（企）	○
栄西（企）	○	黒田官兵衛	○	岸田吟香（企）	○	支倉常長（企）	○	藤城清治	○
丸木位里・丸木俊	○	本多静六	○	高山彦九郎	○	笹沢左保	○	野見山暁治（企）	○
大宅壮一	○	坂村真民（企）	○	ファーブル	○	岩崎久弥	○	小栗上野介	○
岩田専太郎	○	小津安二郎（企）	○	黒岩重吾（企）	○	安藤百福	○	下村観山（企）	○

2013年（75館）

鵜飼貞男	○	太宰治	○	竹中泰人		与勇輝	○	加藤千洋（企）	○
サン=テグジュペリ	○	ルネ・ラリック	○	小林古径（企）	○	ピカソ	○	ルノワール（企）	○
ミケランジェロ（企）	○	ル・コルビジェ（企）	○	ターナー（企）	○	中谷宇吉郎（企）	○	カイユボット（企）	○
菊池寛	○	イサムノグチ	○	平賀源内	○	猪熊弦一郎	○	大平正芳	○
佐伯勇	○	正岡子規	○	司馬遼太郎	○	伊丹十三	○	佐藤慶太郎	○
草間弥生（企）	○	川本喜八郎	○	北原照久	○	吉川観方（企）	○	斎藤文夫（企）	○
榮久庵憲司（企）	○	宮澤賢治（企）	○	夏目漱石（企）	○	浅井慎平（企）	○	松下幸之助（企）	○
藤山雷太	○	工中弥三郎	○	重光葵	○	パール判事	○	成川實	○
平松礼二（企）	○	玉村豊男	○	岡田茂吉	○	鈴木常司	○	杉山寧（企）	○
山口正造	○	河鍋暁斎（企）	○	ラファエロ（企）	○	ダ・ヴィンチ（企）	○	中村八大（企）	○
中原淳一（企）	○	井上ひさし（企）	○	山口晃（企）	○	木村荘八（企）	○	香淳皇后（企）	○
嘉納治五郎	○	杉山寧（企）	○	クラーク（企）	○	大鵬（企）	○	山田洋次	○
重寛次郎	○	ドナルド・キーン	○	吉村昭	○	正岡子規	○	円空（企）	○
王羲之（企）	○	寺山修司（企）	○	山本健吉（企）	○	会田誠（企）	○	キャパ（企）	○
福田恒存（企）	○	白隠（企）	○	奥田元宋（企）	○	高山辰雄（企）	○	塙保己一	○

「人物記念館の旅」一覧表５－２

2012年（61館）

毛利空桑	○	石橋正二郎	○	篠山紀信（企）	○	ジャン・シャルダン（企）	○	三島由紀夫	○
徳富蘇峰	○	北原照久	○	小池邦夫	○	岡田紅陽	○	新美南吉	○
横井庄一	○	立花隆（企）	○	森鷗外	○	飯田蛇笏（企）	○	ミレー	○
斎藤茂吉（企）	○	ドビュッシー（企）	○	臼井吉見		荻原守衛	○	いわさきちひろ	○
根津嘉一郎	○	横溝正史	○	藤田嗣治（企）	○	安野光雅（企）	○	亀井文蔵	○
松本竣介（企）	○	原六郎	○	徳冨蘆花		竹久夢二	○	那須与一	○
古橋広之進	○	賀茂真淵	○	木下惠介	○	フェルメール	○	田嶋宏行	○
駒井哲郎（企）	○	大宅壮一	○	阿久悠	○	米沢嘉博	○	粉川忠	○
ゲーテ	○	上杉憲実	○	海音寺潮五郎		手塚治虫（企）	○	ダ・ヴィンチ（企）	○
セザンヌ（企）	○	鉄川与助（企）	○	南桂子（企）	○	松井冬子（企）	○	細見良（企）	○
鳥居龍蔵	○	モラエス	○	阿波十郎兵衛	○	村内道昌	○	土屋文明	○
辻村寿三郎（企）	○	新島襄	○	山川庄太郎	○	西山由之	○	ロダン	○
今和次郎（企）	○								

2011年（64館）

柏戸	○	藤沢周平	○	出光佐三	○	長谷川等伯（企）	○	鈴木大拙	○
大石内蔵助（企）		モーリス・ドニ（企）	○	萩原朔太郎（企）	○	細川護熙（企）	○	和田誠（企）	○
川上音二郎・貞奴（企）	○	開高健	○	松前重義	○	空海（企）	○	梅屋庄吉（企）	○
岡田三郎助	○	藤島武二	○	若山牧水	○	芹沢光治良	○	大岡信	○
滝沢馬琴（劇）	○	芹沢銈介（企）	○	パウル・クレー（企）	○	蕗谷虹児（企）	○	夏目漱石（企）	○
内田九一（企）	○	山本正之（企）	○	狩野一信（企）	○	レンブラント（企）	○	東洲斎写楽（企）	○
仏陀（企）	○	池波正太郎(2)	○	直木三十五	○	井植歳男	○	親鸞	○
空海	○	孫文	○	武藤山治	○	高田屋嘉兵衛	○	梅棹忠夫（企）	○
池田英一	○	向井潤吉	○	白洲正子（企）	○	野間清治	○	フェルメール（企）	○
豊田佐吉 豊田喜一郎	○	細井平洲	○	イーダ・ヴァリッキオ（企）		北里柴三郎	○	宮崎滔天	○
榎木孝明	○	大野勝彦	○	前田真三・晃	○	中村道雄		松浦武四郎（企）	○
星野富弘（企）	○	相田みつを	○	山本為三郎	○	大倉治右衛門	○	松本治六郎	○
坂本龍馬		細川護立	○	佐藤忠良（企）	○	徳田八十吉（企）	○		

2010年（76館）

三島由紀夫		平木信二	○	蔦谷重三郎	○	ピカソ	○	ヘンリー・ムーア	○
鈴木常司	○	アンリ・ルソー	○	サン=テグジュペリ	○	鵜飼貞男	○	松永安左衛門	○
中川与一	○	大倉喜八郎	○	小林一三	美術館 記念館	藤田伝三郎	○	鑑真	○
住友吉左衛門友純	○	大倉喜八郎 大倉喜七郎	○	菊池寛実	○	畠山一清	○	原邦造	○
岩崎弥之助 岩崎小弥太	○	太田清蔵	○	仙がい（企）		上村松園（企）		宮尾登美子（企）	○
毛沢東	○	魯迅		孫文	○	周恩来		山川健次郎	○
白虎隊	○	小島為政	○	川喜多長政・かしこ	○	高浜虚子（企）	○	吉屋信子	○
武者小路実篤	○	水木しげる	○	徳川家康（企）	○	鳩山一郎（企）		ピカソ（企）	○
ユトリロ（企）	○	黒沢明（企）		松岡清次郎	○	クロード・モネ（企）		奥村土牛（企）	
星新一（企）	○	三岸節子（企）		マネ（企）	○	歌川国芳（企）	○	石阪昌孝	○
岩合光昭（企）	○	小野竹喬（企）	○	土方歳三	○	佐藤彦五郎	○	井上源三郎	
高橋是清	○	火野葦平		アインシュタイン		前田国男	○	富沢政恕	
本居宣長	○	八木下要右衛門		石井桃子（企）	○	林芙美子		川瀬巴水（企）	
相笠昌義（企）		唐人お吉	○	木下杢太郎	○	吉田松陰（企）		タウンゼント・ハリス	○
下岡蓮杖		池田満寿夫		山本冬彦（企）		野口英世	○	安野光雅（企）	
馬琥（企）									

「人物記念館の旅」一覧表５－３

2009年（53館）

安井曾太郎（企）		今井兼次（企）		久世光彦（企）	○	森繁久彌(企)		小幡篤次郎	
根津嘉一郎	○	関口隆揮	○	有島武郎	○	渡辺淳一	○	おおば比呂司	○
本郷新	○	三岸好太郎	○	二宮尊徳	○	西村京太郎	○	中川一政	○
西田幾多郎	○	銭屋五兵衛	○	中川一政	○	田河水泡	○	松尾芭蕉	○
ゴーギャン		柳宗理		ペリー		ヴェルニー	○	長岡半太郎	
若山牧水		中里介山	○	小島善太郎	○	赤塚不二夫	○	大山由之	
エドウィン・ダン		尾崎行雄	○	岸田劉生（企）	○	戸田城聖		原三溪	○
久米邦武・桂一郎	○	松本清張（企）	○	牛島憲之	○	中村雨紅	○	前田真三	○
堂本印象	○	岩倉具視	○	永瀬義郎		湯浅八郎	○	いわさきちひろ	○
賀川豊彦	○	松本　清張	○	森　鴎外(九州)		加山　又造（企）	○	熊谷　守一	○
福沢　諭吉（企）		平櫛　田中	○	中村　研一	○				

2008年（46館）

大野　弁吉	○	中川　一郎	○	葉　祥明	○	鏑木　清方	○	ピカソ（企・サ）	○
金田一　春彦	○	今井　邦子	○	島木　赤彦		原田　泰治		平林　たい子	
藤原　咲平		新田　次郎		宮脇　俊三（企）		五島　慶太	○	村野　四郎	○
太宰　治（文）	○	岡本　太郎（川崎）	○	小杉　放菴	○	二宮　尊徳	○	フェルメール（企）	○
吉川　英治	○	川合　玉堂	○	高木　朱子		与　勇輝	○	牧野　富太郎	
植村　直己	○	白洲次郎・正子　1,2	○	林　芙美子（東京）	○	手塚　治虫	○	川端　康成	○
松下　幸之助	○	与謝野　晶子		ジョン・レノン		小泉　信三	○	昭和天皇	○
明治天皇	○	宮城　まり子	○	吉行　淳之介		東山　魁夷（企）	○	夏目　漱石（企）	
安宅　英一（企）		大江　喜沢	○	横山　大観（企）	○	在原　業平（企）	○	水戸　斉昭	○
水戸　光圀	○								

2007年（76館）

北大路　魯山人	○	南方　熊楠	○	辻村　寿三郎	○	藤田　喬平　3,4	○	乃木　希典	
高杉　晋作（下関）		吉田　松陰		伊藤　博文		桂　太郎		木戸　孝允	
青木　周弼		高杉　晋作（萩）		澁澤　龍彦（企）		山下　清　1,2		マルク・シャガール	○
野上　弥生子	○	吉丸　一昌	○	高田屋　嘉兵衛	○	北島　三郎	○	土方　歳三	○
石川　啄木	○	金子　鴎亭	○	川田　龍吉	○	カール・レイモン	○	柳　宗悦（企）	○
河井　継之助	○	山本　五十六	○	中島　千波		高井　鴻山		葛飾　北斎	○
池田　満寿夫	○	佐久間　象山	○	東山　魁夷	○	高濱　虚子	○	渥美　清	○
小山　敬三	○	島崎　藤村	○	泉　鏡花	○	五木　寛之		徳田　秋聲	○
室生　犀星	○	松井　秀喜	○	村上　玄水		阿部　次郎	○	清河　八郎	○
高山　樗牛		白瀬　のぶ	○	石川　達三	○	菅江　真澄	○	石坂　洋次郎	○
山下　太郎		矢口　高雄	○	安岡　正篤	○	歌川　広重	○	斎藤　真一	○
最上　徳内	○	夏目　漱石		小泉　八雲	○	徳富蘇峰・蘆花	○	横井　小楠	○
島津　源蔵	○	末川　博	○	大河内　伝次郎		池　大雅		新島　襄	
平山　郁夫	○	佐藤　忠良	○	最澄	○	橋本　関雪		河井　寛次郎	○
高村　智恵子	○	扇畑　忠雄		豊臣秀吉・加藤清正	○	森村　宜稲	○	加藤　唐九郎	○
小野　道風	○								

「人物記念館の旅」一覧表５－４

2006年（60館）

長井 勝一		浜口 陽三	○	柳 宗悦	○	武者小路 実篤	○	鎌田 三之助	
阿部 東庵		白凡 金九（韓国）		黒田 清輝	○	樋口 一葉	○	森 鷗外（東京）	○
正岡 子規	○	芹沢 銈介	○	大山 康晴	○	新渡戸稲造・傳・十次郎	○	田中館 愛橘	○
福田 繁雄	○	羽仁 もと子	○	藤沢 周平		亀井南冥・昭陽		広瀬 淡窓	
双葉山 定次	○	柳田 國男	○	佐々木 喜善	○	萬 鉄五郎	○	ジョー・プライス	
宮城 道雄	○	布施 辰治		横山 大観	○	大佛 次郎	○	澤田 美喜	
池波 正太郎	○	岩崎 久弥		ナポレオン	○	草野 心平	○	岡倉 天心	○
山田 かまち		石ノ森 章太郎	○	渋沢 栄一	○	高村 光太郎（岩手）	○	宮沢 賢治	○
寺山 修司	○	太宰 治		高村 光太郎（企）		魯迅（中国 紹興）	○	宮崎 駿	○
山本 有三	○	宇治山 哲平	○	伊達 政宗	○	坂本 龍馬		グラバー	○
菅原 道真	○	ド・ロ神父		遠藤 周作	○	シーボルト	○	原 阿佐緒	○
頭山 満		北原 白秋	○	大隈 重信		佐野 常民	○	棟方 志功 1,2	○

2005年（70館）

青木 周蔵		松本 清張	○	徳富 蘆花		徳富 蘇峰		宋 慶齢（中国 北京）	○
魯迅（中国 北京）	○	立原 道造		竹久 夢二	○	森 鷗外（東京）		会津 八一	○
三木 武夫		坪内 逍遥	○	サトウハチロー	○	原 敬	○	石川 啄木	○
渡辺 崋山	○	杉原 千畝	○	堀 辰雄		有島 武郎	○	野上 八重子	○
内村 鑑三	○	池 大雅		室生 犀星		朝倉 文夫（東京）	○	古賀 政男	○
向井 千秋	○	田山 花袋	○	星野 富弘	○	石原 和三郎	○	長谷川 町子	○
市川 房枝	○	中村 不折	○	樋口 一葉	○	熊谷 守一		葛飾 北斎	○
向田 邦子		与謝野 晶子	○	宮尾 登美子	○	志賀 直哉		林 芙美子（尾道）	
小津 安二郎	○	鳩山 一郎	○	岡本 太郎（東京）	○	吉田 茂	○	後藤 新平 1,2	○
相田 みつを	○	杉本 苑子		澤田 政廣	○	中山 晋平	○	尾崎 行雄	
佐々木 信綱		高野 長英		新渡戸 稲造	○	阿部 次郎		古関 裕而	○
久米 正雄	○	山縣 有朋		野口 英世	○	司馬 遼太郎	○	土井 晩翠	
白鳥 省吾	○	吉野 作造	○	三浦 梅園	○	重光 葵	○	佐藤 義美	
広瀬 武夫		田熊村 竹田		滝 廉太郎		朝倉 文夫（大分）	○	福沢 諭吉	○

2004年（9館）

土門 拳		斎藤 茂吉		結城 豊太郎	○	浜田 広介	○	斎藤 實	
井上 靖	○	三浦 綾子	○	乃木 希典		坂本 龍馬	○		

50音順のリストはこちら

ページ先頭に戻る▲

「人物記念館の旅」一覧表５－５

◇業績一覧：2017年度末現在

大学教員は「個人調書」を毎年度、新しく更新しています。履歴書、学歴、職歴、学会及び社会における活動等、賞罰、職務の状況。

教育研究業績書：著書１１５冊。翻訳・ソフト28本、講演６５８本、学会発表２本、メディア掲載等４５１本。

◇所属学会等

役員：大いなる多摩学会副会長・理事。日本未来学会理事。ＮＰＯ法人知的生産の技術研究会理事長。

会員：大学教育学会。福沢諭吉協会。

所属学会等

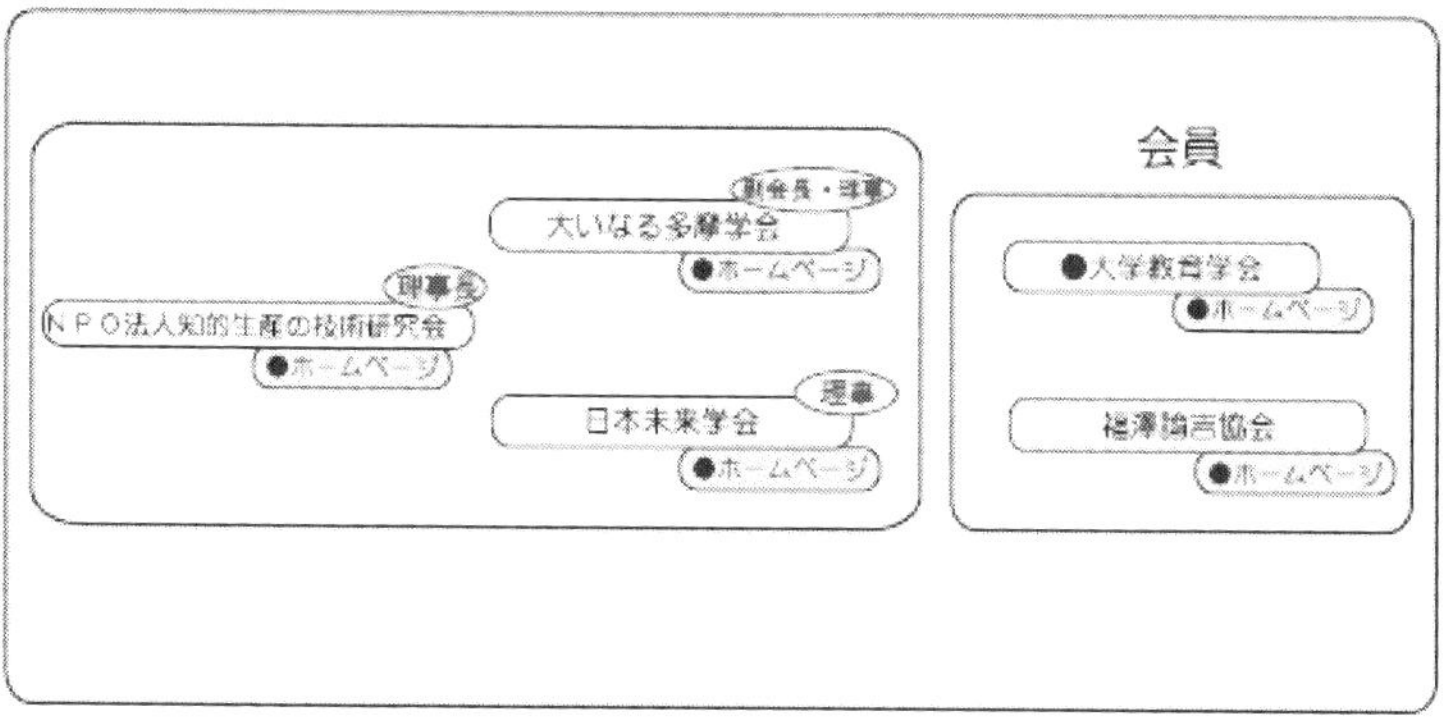

◇社会貢献（中央省庁・県・市町村の委員など）

県立大学の宮城大学時代には、行政との縁ができて、中央省庁・県・市町村などの多くの委員を経験しました。合意形成、地域振興、人材育成、行政改革、長期総合計画、サービス向上、高度情報化、バリアフリー、中心市街地活性化、情報公開、まちづくり、産業活性化、農業・農村対策、製品開発、中小企業指導、コミュニティ・ビジネス、地域ブランドなど、さまざまなテーマで活動し、大変勉強になりました。

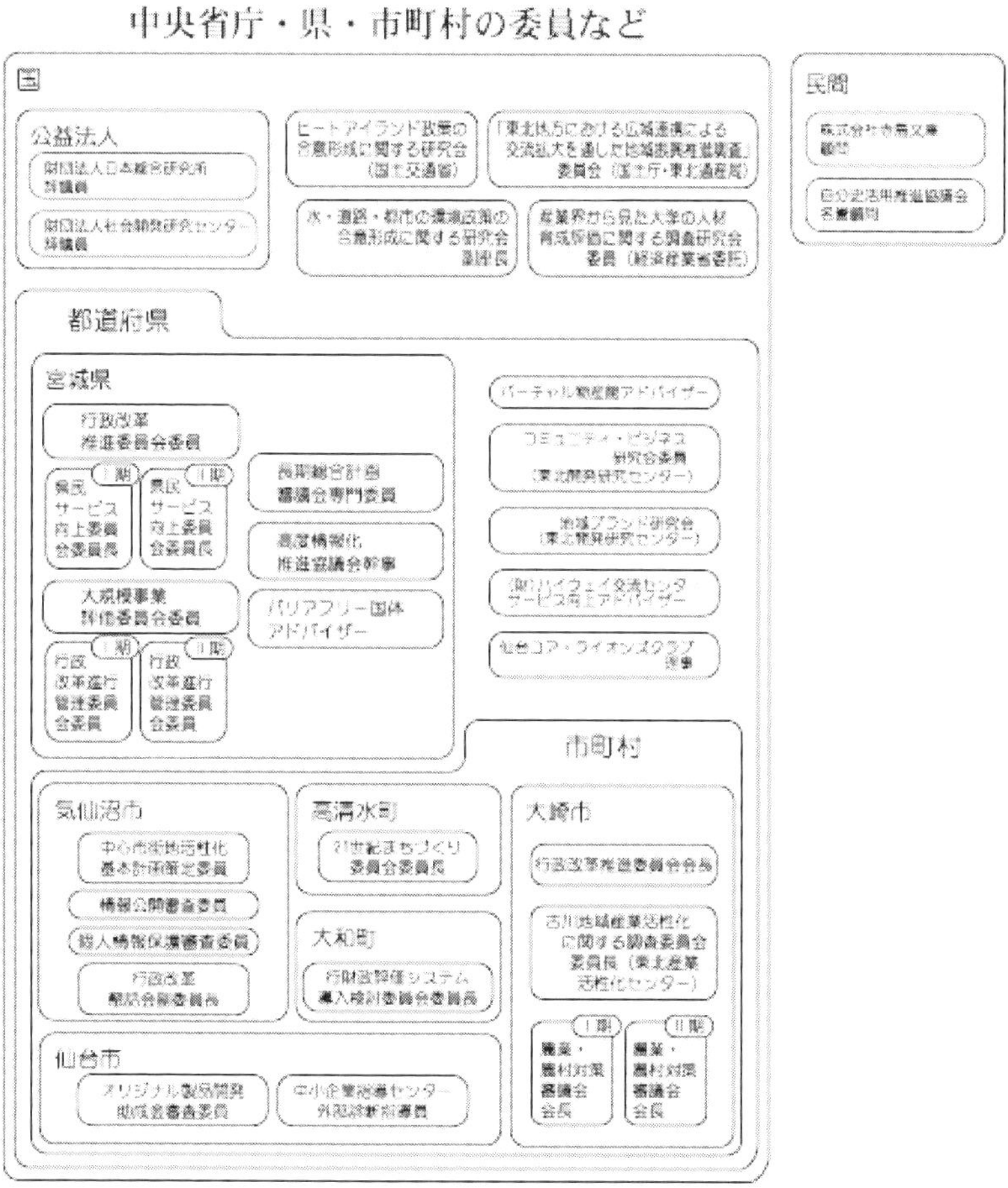

宮城大学時代に経験したさまざまな行政関係の委員など。
貴重な経験となりました。

◇著作

著書のページの「時系列」では、現在までに刊行した「知的生産」をテーマとする書籍144冊が、時系列で掲示されています。

32歳の『自分学のための知的生産の技術』(1982年、TBSブリタニカ)から、最近著『100年人生の生き方死に方』(2018年、さくら舎)まで。ビジネスマン時代、宮城大学時代、多摩大学時代と分けてあります。それぞれの本をクリックすると、内容や書評なども見ることができます。そして読者が買いたくなれば、その場でアマゾンなどで買うことができます。また、年度ごとに刊行した本も表形式で整理してあります。

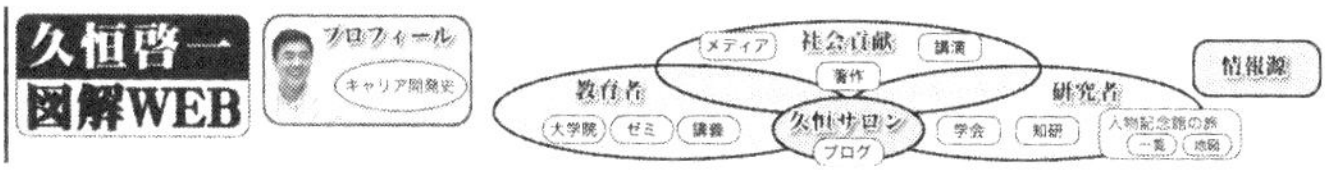

久恒啓一著作集

多摩大学時代

65 冊（オーディオブック２本、電子書籍 18 本、カードブック４本）

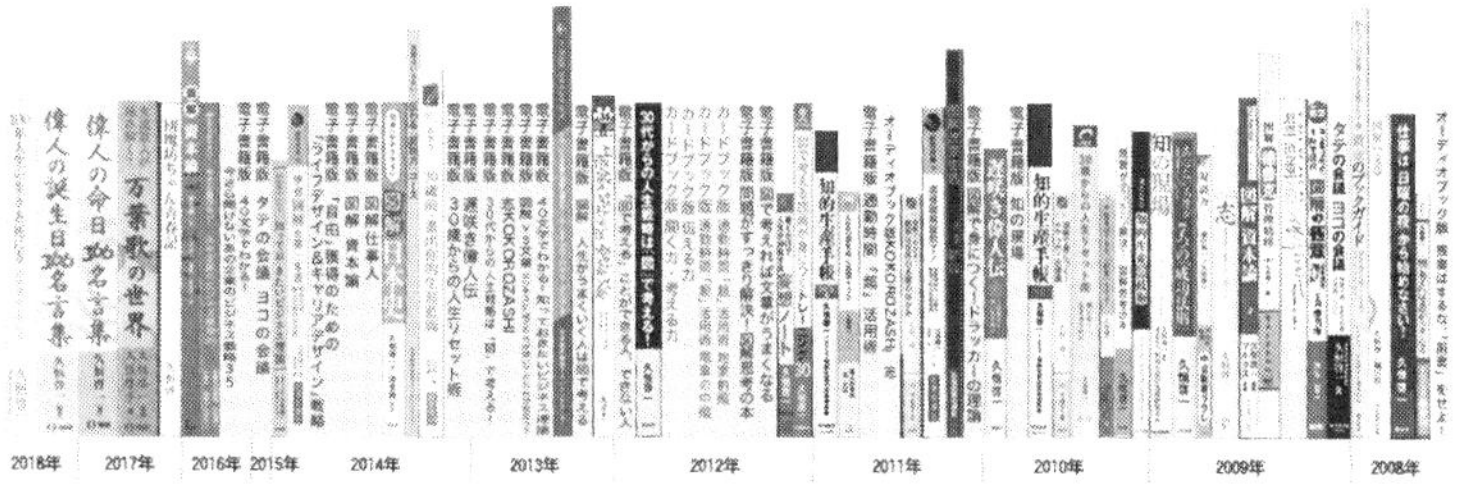

宮城大学時代

64 冊（DVD・ビデオソフト６本）

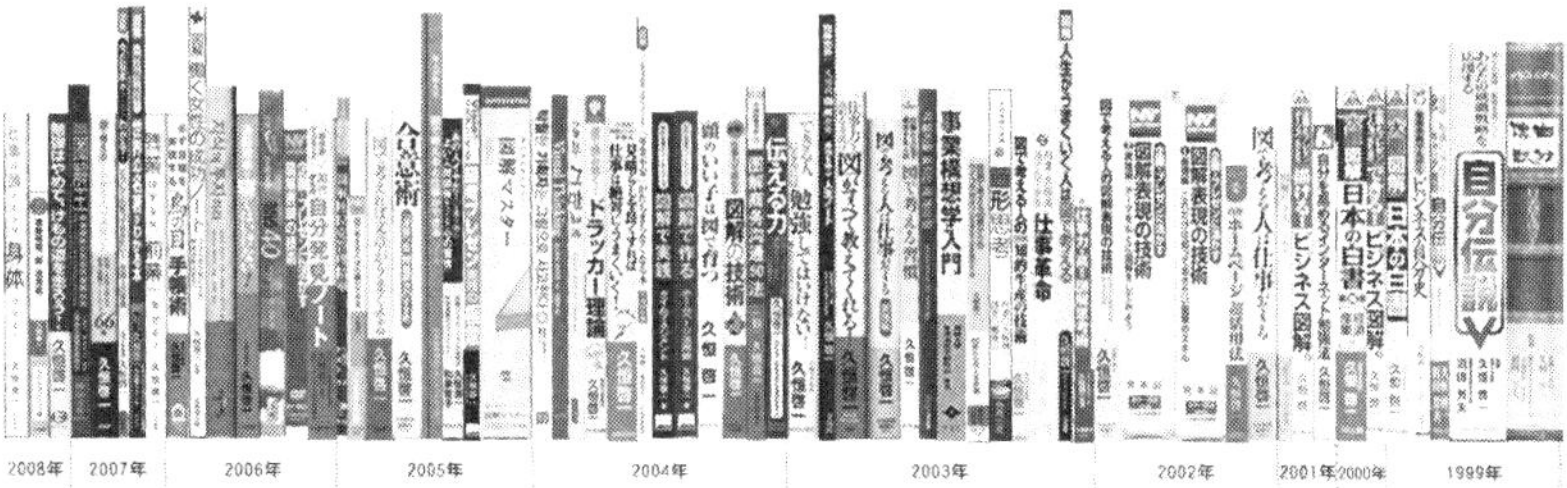

ビジネスマン時代

15 冊（ビデオ１本）

著作一覧

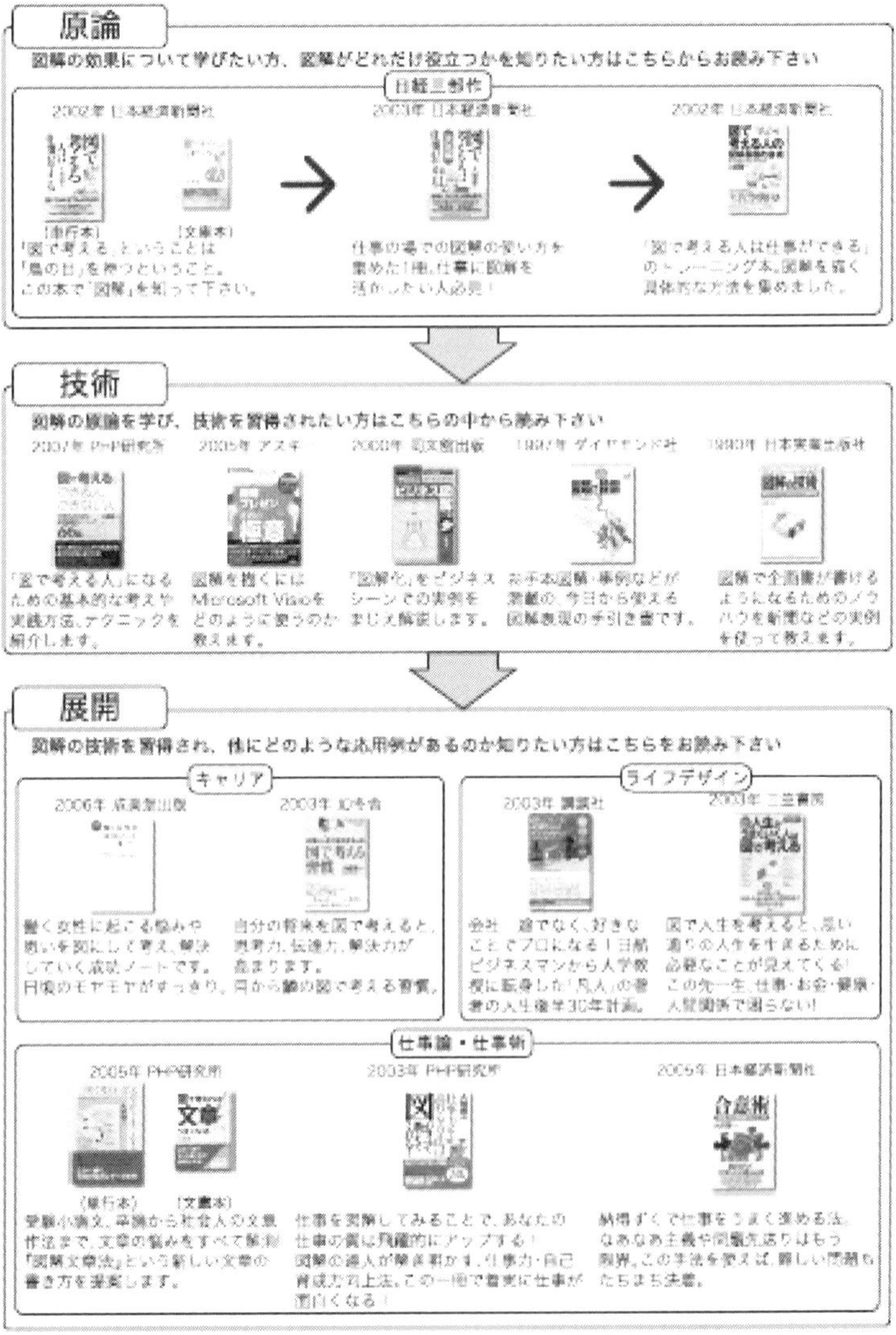
原論
図解の効果について学びたい方、図解がどれだけ役立つかを知りたい方はこちらからお読み下さい
日経三部作
技術
図解の理論を学び、技術を習得されたい方はこちらの中から読み下さい
展開
図解の技術を習得され、他にどのような活用例があるのか知りたい方はこちらをお読み下さい
キャリア
ライフデザイン
仕事論・仕事術

翻訳著作地図

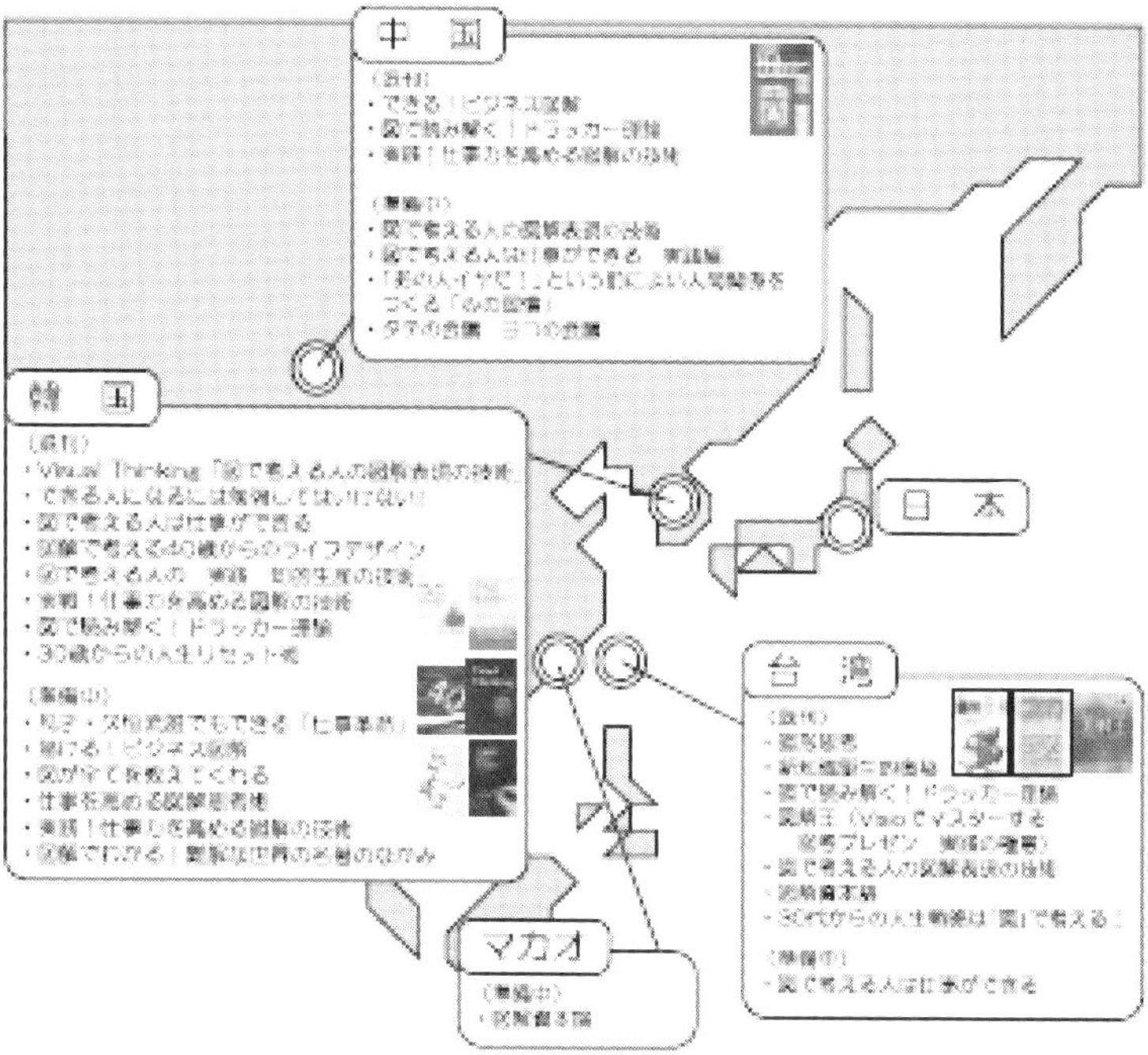

著作分類図

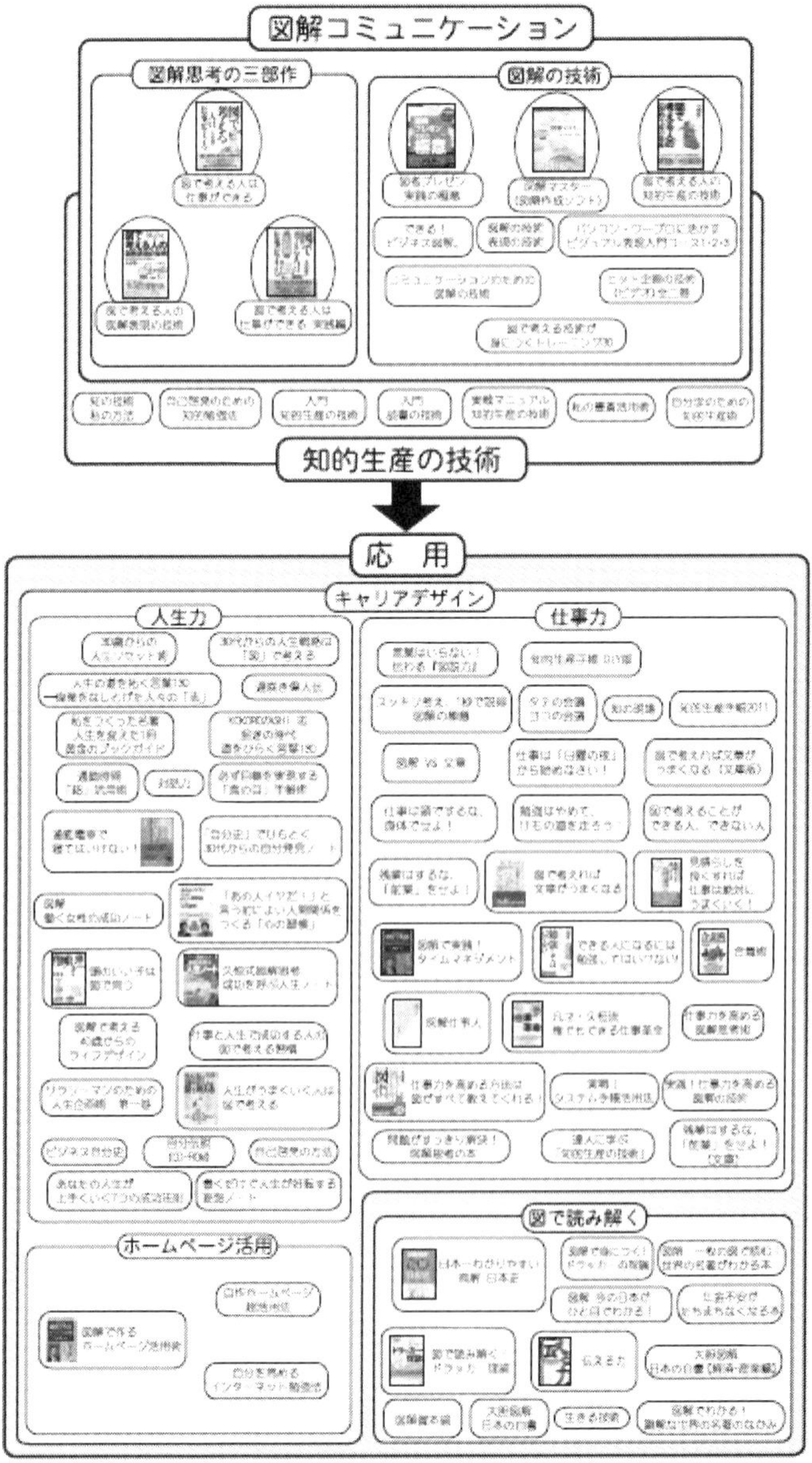
図解コミュニケーション
図解思考の三部作
図解の技術
知的生産の技術
応　用
キャリアデザイン
人生力
仕事力
ホームページ活用
図で読み解く

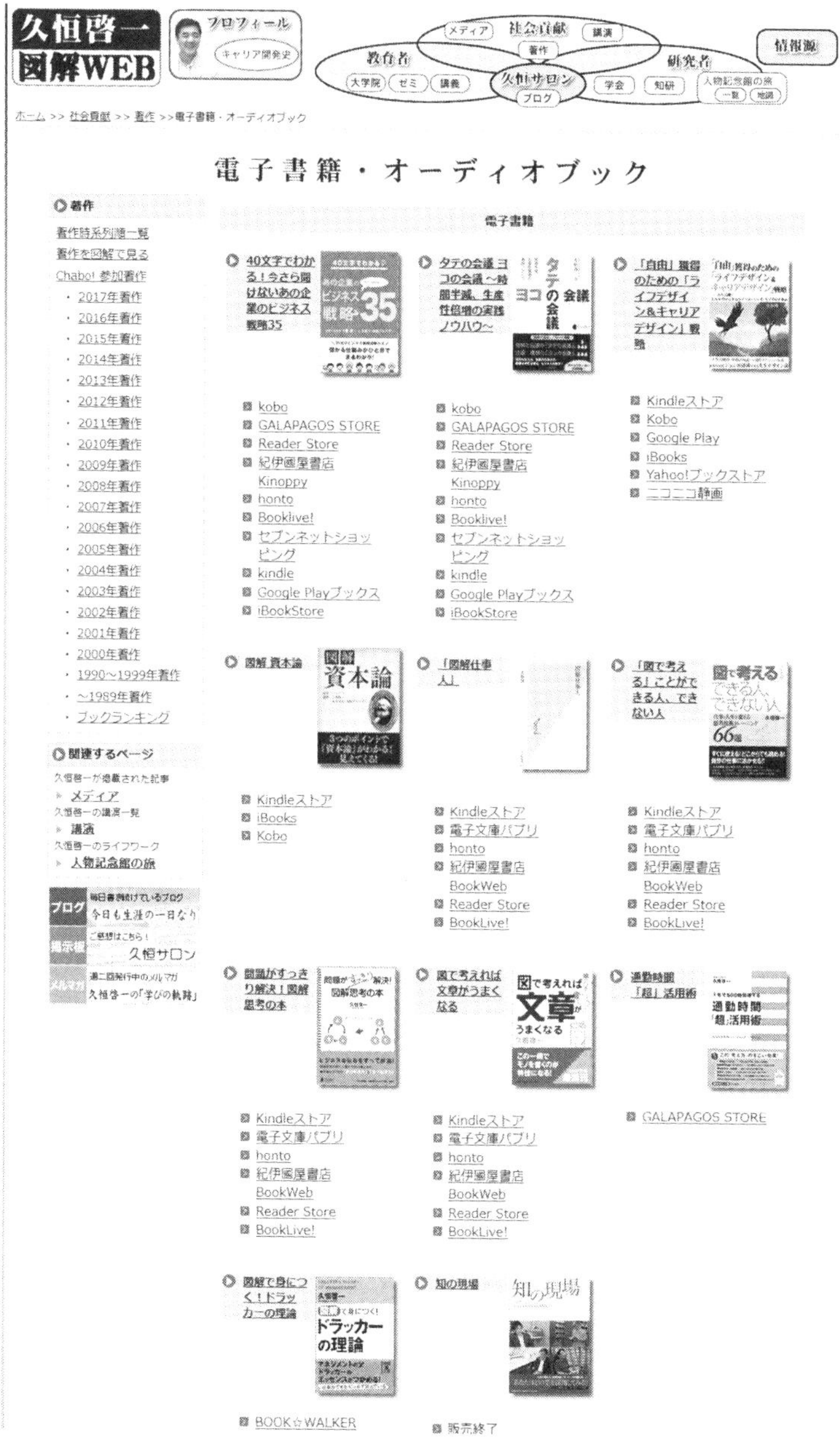
久恒啓一
図解WEB
プロフィール
キャリア開発史
メディア
社会貢献
講演
著作
教育者
研究者
情報源
大学院
ゼミ
講義
久恒サロン
ブログ
学会
知研
人物記念館の旅
一覧
地図
ホーム >> 社会貢献 >> 著作 >> 電子書籍・オーディオブック
電子書籍・オーディオブック
著作
著作時系列順一覧
著作を図解で見る
Chabo! 参加著作
2017年著作
2016年著作
2015年著作
2014年著作
2013年著作
2012年著作
2011年著作
2010年著作
2009年著作
2008年著作
2007年著作
2006年著作
2005年著作
2004年著作
2003年著作
2002年著作
2001年著作
2000年著作
1990～1999年著作
～1989年著作
ブックランキング
関連するページ
久恒啓一が掲載された記事
メディア
久恒啓一の講演一覧
講演
久恒啓一のライフワーク
人物記念館の旅
ブログ
今日も生涯の一日なり
掲示板
ご感想はこちら！
久恒サロン
メルマガ
久恒啓一の「学びの軌跡」
電子書籍
40文字でわかる！今さら聞けないあの企業のビジネス戦略35
kobo
GALAPAGOS STORE
Reader Store
紀伊國屋書店Kinoppy
honto
Booklive!
セブンネットショッピング
kindle
Google Playブックス
iBookStore
タテの会議 ヨコの会議～時間半減、生産性倍増の実践ノウハウ～
kobo
GALAPAGOS STORE
Reader Store
紀伊國屋書店Kinoppy
honto
Booklive!
セブンネットショッピング
kindle
Google Playブックス
iBookStore
「自由」獲得のための「ライフデザイン&キャリアデザイン」戦略
Kindleストア
Kobo
Google Play
iBooks
Yahoo!ブックストア
ニコニコ静画
図解 資本論
Kindleストア
iBooks
Kobo
「図解仕事人」
Kindleストア
電子文庫パブリ
honto
紀伊國屋書店BookWeb
Reader Store
BookLive!
「図で考える」ことができる人、できない人
Kindleストア
電子文庫パブリ
honto
紀伊國屋書店BookWeb
Reader Store
BookLive!
問題がすっきり解決！図解思考の本
Kindleストア
電子文庫パブリ
honto
紀伊國屋書店BookWeb
Reader Store
BookLive!
図で考えれば文章がうまくなる
Kindleストア
電子文庫パブリ
honto
紀伊國屋書店BookWeb
Reader Store
BookLive!
通勤時間「超」活用術
GALAPAGOS STORE
図解で身につく！ドラッカーの理論
BOOK☆WALKER
知の現場
販売終了

（電子書籍・オーディオブック 続き）

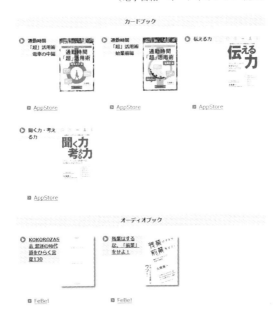

カードブック

- 通勤時間「超」活用術 電車の中編

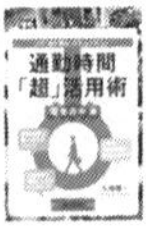

AppStore

- 通勤時間「超」活用術 始業前編

AppStore

- 伝える力

AppStore

- 聞く力・考える力

AppStore

オーディオブック

- KOKOROZAS 志 混迷の時代 道をひらく言葉130

FeBe!

- 残業はするな、「前業」をせよ！

FeBe!

◇準備中

書籍にできないかを検討中の原稿です。「多摩大学　副学長・学部長日誌」「読書悠々」

２０１３〜２０１７年。「ライフプランの実際」。………。

読書悠々：２０１３年から２０１７年までの読書日記をまとめたもの。その中から、テーマごとに選んで、故郷大分県の同人誌『邪馬台』と『知研フォーラム』に「読書悠々」というタイトルで連載中です。

◇協力・掲載図書

私自身が書いた書籍ではなくても、中で紹介されたり、出版に関わった本です。

◇ブログ「今日も生涯の一日なり」年度版

２００４年秋から書き続けているブログ。それを年度ごとに書物の形式でまとめています。最初は1年1冊でしたが、次第に書く量が増えて、今では1年分は3分冊になっています。

このブログ日誌・日記『今日も生涯の一日なり』は、いずれわが生涯最大の著作になるでしょう。３分冊にまとめるために文字を小さくし、写真を小さくするなどのテクニックを使っています。４００字詰め原稿用紙で２４００枚以上となり、文字部分だけで単行本６冊分見当です。１ページは１０００字（原稿用紙２・５枚）なので、単行本（３００枚）で８・６冊となりますが、写真もあるので、１ページが２枚とすると２０７２枚。１年間で２０００枚以上の原稿を生産したことになるのには自分でも驚いてしまいます

２００４年９月28日～２００５年12月31日　４７１ページ　A5判　自費出版　10冊（自分用・親兄弟用）

２００６年　５１３ページ　A5判　自費出版　10冊（自分用・親兄弟用）

２００７年　６５７ページ　A5判　自費出版　10冊（自分用・親兄弟用）

２００８年　８７０ページ　はてなブック３分冊　１部（自分用）並製

２００９年　９１２ページ　はてなブック２分冊　１部（自分用）並製

２０１０年　８５４ページ　はてなブック２分冊　１部（自分用）上製本

２０１１年　８８１ページ　はてなブック２分冊　１部（自分用）上製本

２０１２年　１０３６ページ
はてなブック３分冊　１部（自分用）上製本
２０１３年　１０４３ページ
はてなブック３分冊　１部（自分用）上製本
２０１４年　１０７６ページ
はてなブック３分冊　１部（自分用）上製本
２０１５年　１１５１ページ　大型本
はてなブック３分冊　１部（自分用）上製本
２０１６年　１３７９ページ
はてなブック３分冊　１部（自分用）上製本
２０１７年　１２３６ページ
はてなブック３分冊　１部（自分用）上製本

自己啓発の巨人・本多静六博士は研究生活のかたわら、植林・造園・産業振興など多方面で活躍しました。日本最初の林学博

図解ブログより「今日も生涯の一日なり」年度版の画像

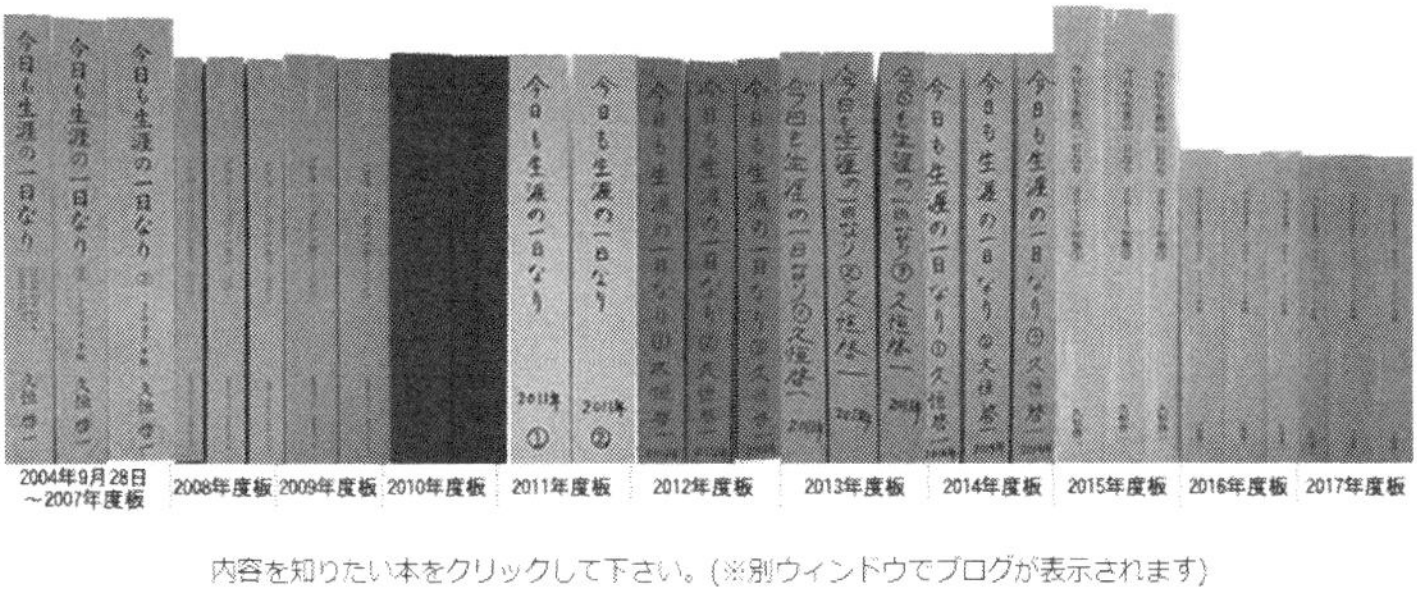

士であり、明治神宮の〝天然更新の森〟の実施者であり、「日本公園の父」と呼ばれている人です。また、独自の蓄財投資法と生活哲学を実践して莫大な財産を築いたあと、定年を機に全財産を匿名で寄付しました。「処世術」の分野のスターでもあり、若い頃から断片的に読んだり、聞いたりして影響を受けてきました。「給料の四分の一は最初から天引きして貯金せよ」などのアドバイスはよく知られています。

高名な学者で人生に関する技術や方法を述べたのは新渡戸稲造と、この本多くらいでしょうが、当時は「修養」がもてはやされた時代でもあり、多くの青年に影響を与えました。埼玉県久喜市の記念館には本多の業績と人生が展示されています。本多は25歳から一日一頁(32字14行で448字相当)の文章修行を始めました。42歳の時に腸チフスにかかって休んだ分を取り返すために1日3ページに目標を改め、馬力をかけたのが新しい習いとなって、1年で1000ページというのが新しい取り決めとなりました。この習いは85歳までも続いたため、中小370冊の著書を持つようになったのです。

私は毎日ブログを書き続けていますが、ペースは本多静六が続けたペースとほぼ同じということに気がつきました。本多はこういうペースで走り続けたのかという実感がはじめて湧き、勇気がみなぎってきました。

◇講演・研修の講師

講演や研修の講師という仕事があります。自分の考えていることを広め、相手が抱えている問題を解決するために貢献できるのですから、要請があれば積極的に受けることにしています。

難しいのは、依頼者がなぜ自分に関心を持ったのかという点から始まって、詳しいことが最初のメッセージではよくわからないことです。何度か、電話や面談やメールで確認していくというプロセスは、面倒なものです。そこで「講演依頼」というコーナーをつくっています。５Ｗ２Ｈの質問に答えてもらって申し込んでもらえば、話がはやい。そして「自由記述」欄も設けています。

この「講演」というページには、過去の講演のテーマ、受講者の感想なども掲げてありますので、依頼者はそういった情報を吟味した上で、交渉に入ることができます。

また、私自身でしか開けることのできないページも用意してあり、講演時に使う図解や資料が入っています。ネットが使えれば、それを使って、配付資料無しでも話ができるようにしています。これは講演時のトラブルに対処する私自身のセーフティネットでもあります。

◇講演録は営業品目リスト

　大学の教員に転身して2年め頃から講演や研修の講師の依頼がしだいに増えてきました。そして3年め、4年めとたつにつれ、新規の依頼だけでなく、再度のお願いをされるケースも多くなってきたのです。新たな組織からの注文は、クチコミの効果が高いようです。主催団体や受講者が他の人に評判を伝えて、依頼につながるというパターンです。

　顧客満足の理論ではいい商品を提供すると再利用意向が高くなると同時に、推薦意向も高くなってくるといいますが、講演なども同様なサービス商品です。したがって一回一回真摯に取り組むことが必要なのです。

　ホームページが軌道にのってきた頃から、違ったパターンが出てきました。それは今まで全く縁のなかった団体や、行ったことのない地域からの講演依頼がボツボツと出てきたことです。不思議に思ってどこで推薦を受けたかなどの質問をしていくうちに、ホームページが関係していることがわかってきました。

　私のホームページの中に「地域とともに歩む研究者」という一つの柱があり、その中に「講演・執筆」という欄を設けています。そこに今後の「講演予定」や「過去の講演名・内容」というページがあります。ここでは予定されている講演や、過去に行った講演会の

「講演会名」と「講演日」、そして「演題」も表示されています。

私に興味を持った主催者はホームページの中からこのリストをみて、どのような分野で講演できるかなどを自ら調査することができるので、よく調べた上で自信を持ってアプローチして来られるというのが真相でした。

いわばこのリストは営業品目を現しているのであり、販売促進になっているのです。

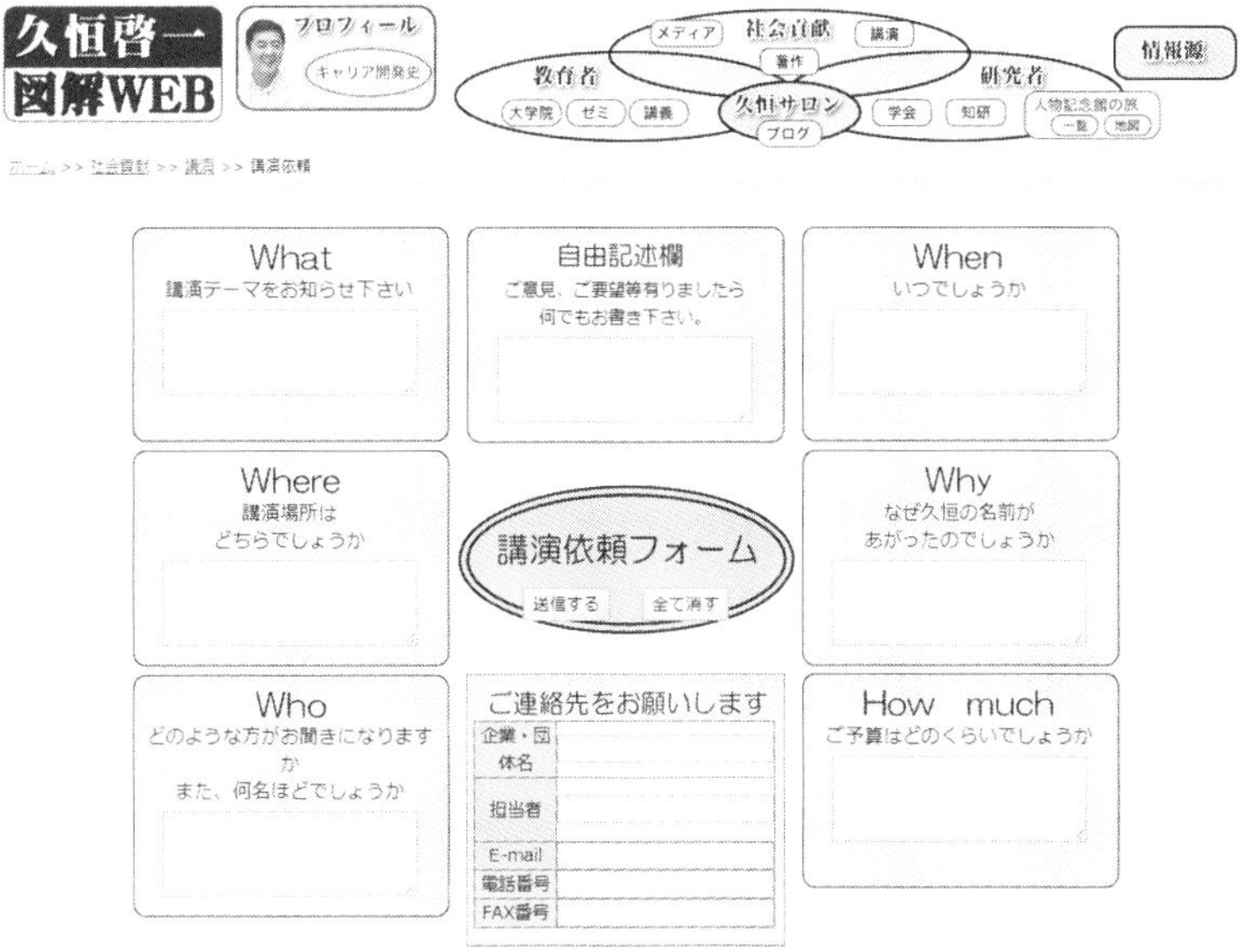

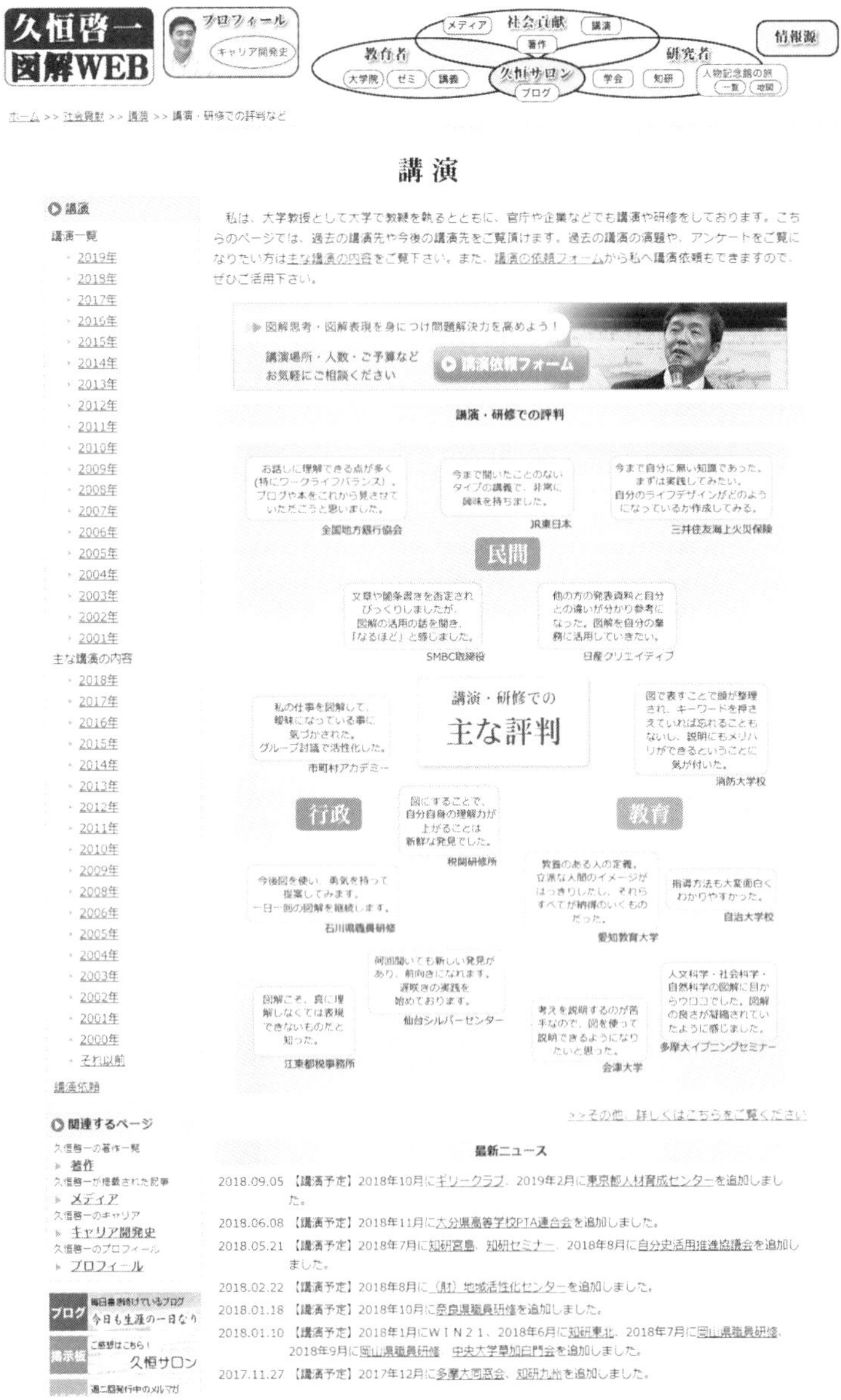

久恒啓一 図解WEB

プロフィール　キャリア開発史

メディア　社会貢献　講演　著作

教育者　大学院　ゼミ　講義

久恒サロン　ブログ

研究者　学会　知研　人物記念館の旅　一覧　地図

情報源

ホーム >> 社会貢献 >> 講演 >> 講演・研修での評判など

講演

私は、大学教授として大学で教鞭を執るとともに、官庁や企業などでも講演や研修をしております。こちらのページでは、過去の講演先や今後の講演先をご覧頂けます。過去の講演の演題や、アンケートをご覧になりたい方は主な講演の内容をご覧下さい。また、講演の依頼フォームから私へ講演依頼もできますので、ぜひご活用下さい。

図解思考・図解表現を身につけ問題解決力を高めよう！

講演場所・人数・ご予算など
お気軽にご相談ください

講演依頼フォーム

講演・研修での評判

講演・研修での
主な評判

民間

お話しに理解できる点が多く(特にワークライフバランス)。ブログや本をこれから見させていただこうと思いました。

全国地方銀行協会

今まで聞いたことのないタイプの講義で、非常に興味を持ちました。

JR東日本

今まで自分に無い知識であった。まずは実践してみたい。自分のライフデザインがどのようになっているか作成してみる。

三井住友海上火災保険

文章や箇条書きを否定されびっくりしましたが、図解の活用の話を聞き、「なるほど」と感じました。

SMBC取締役

他の方の発表資料と自分との違いが分かり参考になった。図解を自分の業務に活用していきたい。

日産クリエイティブ

行政

私の仕事を図解して、曖昧になっている事に気づかされた。グループ討議で活性化した。

市町村アカデミー

図にすることで、自分自身の理解力が上がることは新鮮な発見でした。

税関研修所

今後図を使い、勇気を持って提案してみます。一日一回の図解を継続します。

石川県職員研修

何回聞いても新しい発見があり、前向きになれます。遅咲きの実践を始めております。

仙台シルバーセンター

図解こそ、真に理解しなくては表現できないものだと知った。

江東都税事務所

教育

図で表すことで頭が整理され、キーワードを押さえていれば忘れることもないし、説明にもメリハリができるということに気が付いた。

消防大学校

教養のある人の定義。立派な人間のイメージがはっきりしたし、それらすべてが納得のいくものだった。

愛知教育大学

指導方法も大変面白くわかりやすかった。

自治大学校

考えを説明するのが苦手なので、図を使って説明できるようになりたいと思った。

会津大学

人文科学・社会科学・自然科学の図解に目からウロコでした。図解の良さが凝縮されていたように感じました。

多摩大イブニングセミナー

>>その他、詳しくはこちらをご覧ください

最新ニュース

2018.09.05 【講演予定】2018年10月にギリークラブ、2019年2月に東京都人材育成センターを追加しました。

2018.06.08 【講演予定】2018年11月に大分県高等学校PTA連合会を追加しました。

2018.05.21 【講演予定】2018年7月に知研宮島、知研セミナー、2018年8月に自分史活用推進協議会を追加しました。

2018.02.22 【講演予定】2018年8月に（財）地域活性化センターを追加しました。

2018.01.18 【講演予定】2018年10月に奈良県職員研修を追加しました。

2018.01.10 【講演予定】2018年1月にＷＩＮ２１、2018年6月に知研東北、2018年7月に岡山県職員研修、2018年9月に岡山県職員研修、中央大学草加白門会を追加しました。

2017.11.27 【講演予定】2017年12月に多摩大同窓会、知研九州を追加しました。

○講演

講演一覧

- 2019年
- 2018年
- 2017年
- 2016年
- 2015年
- 2014年
- 2013年
- 2012年
- 2011年
- 2010年
- 2009年
- 2008年
- 2007年
- 2006年
- 2005年
- 2004年
- 2003年
- 2002年
- 2001年

主な講演の内容

- 2018年
- 2017年
- 2016年
- 2015年
- 2014年
- 2013年
- 2012年
- 2011年
- 2010年
- 2009年
- 2008年
- 2006年
- 2005年
- 2004年
- 2003年
- 2002年
- 2001年
- 2000年
- それ以前

講演依頼

○関連するページ

久恒啓一の著作一覧
- 著作

久恒啓一が掲載された記事
- メディア

久恒啓一のキャリア
- キャリア開発史

久恒啓一のプロフィール
- プロフィール

ブログ　毎日書き続けているブログ　今日も生涯の一日なり

掲示板　ご感想はこちら！　久恒サロン

週二回発行中のメルマガ

◇インタビューに便利、先に読んでおいて！

講演依頼や雑誌のインタビューなど私自身の活動に関する情報を求める人、最近どんな活動をしているのかを知りたい友人などに、毎回同じ内容の言葉を速射砲《そくしゃほう》のように打ち出している自分によく気がつきます。

活動の範囲が広がってくると情報の内容も多くなってくるので大変です。相手は初めてでも、こちら側は一日に何回も同じ内容を若干モディファイして語ることに慣れていました。ところがホームページの内容が充実してくるにつれて、そういった労力が緩和されてきつつあるのを感じるようになりました。

相手からの連絡があれば、ホームページのＵＲＬを案内し、知りたい項目をあらかじめ見てもらうようにしています。経歴を確認したい人は「経歴」や「履歴書」を見てもらったり、最近のマスコミへの登場記事を見てもらえば地域での公的な活動に関する情報が手に入ります。

今までに書いた本は解説付で大方の内容が手に入りますし、学会での活動状況も把握できます。どのような名前の講義を行なっているか、具体的にどのような内容の授業を行なっているか、受講生の反応はどうか……など事前に自分の興味にしたがって基本的な情報を得てもらうことができますから、実際に会ったときにはポイントのみに絞って詳しく応答ができるので、私自身も相手も内容の濃い会談になるという具合です。

◇メディア

メディアリッピング：2001年以降、マスメディアに登場した記事をすべて掲載しています。基本は「教育」「研究」「地域貢献」で分類しています。社会へ向けての発信の軌跡です。

連載：新聞、雑誌での連載。
音声動画：FM放送、インターネットラジオなど音声メディアへの出演。
時系列：図表
連載：図表
音声・動画：図表
予告：図表
取材依頼：「講演」と同じように4W1H＋自由記述を書き込むことで取材に対応できる体勢をとっています。

・日本ペンクラブ（ブログから）

有楽町の東京会館で行われた日本ペンクラブの例会に初めて出席しました。小中陽太郎先生（日本ペンクラブ理事）と一緒になり、先だって行われた理事会で私の入会申請が認められたことを知らされました。ある偶然から入会することになったのですが、推薦者は小中先生と八木哲郎さんです。会場に入ると、阿刀田高会長、浅田次郎専務理事などに紹介され、旧知の野村正樹さんにもご挨拶。１００人ほどのメンバーで、一家を成している方が多いようにお見受けしました。入会審査で小中先生が少し遅れたので代わりに説明をしていただいたという吉岡忍理事にお礼のご挨拶。ＮＰＯ知研でもう20年以上前に講演をしていただいた方ですが、「覚えていますよ」と言われました。

日本ペンクラブは三つの分野があり、どれかに登録します。ペンクラブの「ＰＥＮ」は、ポエト（詩人）、プレイライト（劇作家）のＰ、エディター（編集者）、エッセイスト（評論家）のＥ、ノベリスト（小説家）のＮを合わせた「Ｐ・Ｅ・Ｎ」を表しており、私はＥのグループに入れてもらいました。

あとでホームページを開いて、会員ホームページ一覧を覗くと、よく知っている名前が並んでいます。阿木燿子、天木直人、新井満、池田理代子、井沢元彦、伊集院静、井上ひさし、猪瀬直樹、江川紹子、紀田順一郎、小中陽太郎、志茂田景樹、高野悦子、武田哲夫、立川談四楼、立松和平、俵万智、俵萌子、つかこうへい、筒井康隆、ドクター中松、中谷彰宏、中村桂子、西垣通、西木正明、野村正樹、林望、日垣隆、福島瑞穂、三田誠広、宮本輝、森村誠一など。

◇ポッドキャスト

２０１８年1月1日よりポッドキャスト（インターネットラジオ）の配信を開始しました。「偉人の名言３６６命日編〜人生が豊かになる一日一言〜」

iPhone: https://itunes.apple.com/jp/podcast/id1323710347

Android: https://castbox.fm/va/1115874

ポッドキャストとは、インターネットで配信されるラジオ番組のことで、スマートフォンでもパソコンでも聴くことができます。ラジオと違って自分の好きな時間に聴くことができるサービスです。

その日に亡くなった偉人の名言を音声で紹介し、私の感想などを簡単に記した文章も配信。偉人の名言は人生１００年時代の人生観を磨き上げるためのソフトインフラだと考えています。２０１８年10月現在、登録者は３２８５人。ダウンロード数は、９月が１万４９３８件、10月は３万５７４４件でした。

２０１９年１月からは、新番組「ビジネスに活かす　偉人の名言」を毎週流すサービスを始めました。

・Chabo（ブログから）

世界各地で起きた紛争や自然災害などで、厳しい状況に置かれた人々の「自立」支援を行なうＮＧＯとして活発な活動をしているＮＰＯ法人ＪＥＮの事務局の木山さんと浜津さんがみえました。ＪＥＮ（ジャパン・エマジェンシー・NGOs）というＮＰＯは、「自立支援」を旗印に19ヶ国で１６０万人以上の人たちの支援をしています。

http://www.jen-npo.org/

このＮＧＯは、Chabo!（チャボ／Charity Book Program／チャリティ・ブック・プログラム）を持っているのです。これは印税の一部を寄付するというプログラムで、以下のビジネス本を中心とした著者たちが名前を連ねています。Chabo! に登録されている本が売れると、その本の著者の印税の20％がＪＥＮを通じて、世界中の難民・被災民の教育支援、自立支援に使われるという仕組みです。勝間和代、酒井穣、和田裕美、小宮一慶、竹川美奈子、山口一男、久恒啓一、神田昌典、高野登、山田昌弘など。

◇NPO法人 知的生産の技術研究会～勉強会は知的措置である

１９７０年に発足した「知的生産の技術」研究会。１９６９年に名著『知的生産の技術』を書いた梅棹忠夫先生を顧問にいただく勉強会。２０２０年には創立50周年を迎えます。私を育ててくれた勉強会であるＮＰＯ法人知的生産の技術研究会（八木哲郎理事長）に入会したのは30歳でした。当時、私は２つの決心をしました。

一つは青い鳥を探すのをやめて、自分の足元を徹底的に掘ることでした。いま担当している仕事を深く掘り進めることを決心したのです。今までのような甘い取り組みから脱しようとしました。もう一つは、同時に会社だけの人生ではなく、社外にも積極的に出ていこうという決心でした。そして前々から縁のあった、サラリーマンの勉強会として有名な「知的生産の技術」研究会（知研）に入会したというわけです。

いま考えると、この２つの決心と行動がその後の私の基盤になったと感じています。私のホームページの中にこの会のコーナーがあり、知研東京が主宰しているホームページにつながっています。私がいた仙台にも組織があり活発に勉強を重ねておりました。40名を超える会員がいて「自己表現」というテーマで講師を呼んで研鑽を積んでいました。

こういう市民活動も「継続は力なり」で、いいテーマを丹念に追っていると蓄積が出てきます。自分ひとりではなかなか勉学の志は続くものではありません。よき仲間をつくって、自分を磨いていくことが大切です。

知研は２０２０年の創立50周年に向けて、体制を再構築している途上にあります。聖地・国立民族学博物館（京都）と梅棹忠夫先生の自宅跡を使った梅棹サロンで全国の地域知研のメンバーが集合する予定です。東京、関西、岡山、宮島、九州、沖縄、東北、北海道から仲間が集まることになっています。

知研のホームページには、過去のセミナー録のほとんどが収録されており、知的生産の技術に関する貴重なデータベースになっています。

NPO 法人知的生産の技術研究会公式サイト・トップページ

◆久恒サロン

◇メルマガ「久恒啓一の学びの軌跡」

かつては、ミニコミ新聞の編集長・発行人になるということは大変なことでした。内容以外に、まず読んでくれる人をさがさなければなりません。どのような印刷物にするか、どうやって相手に届けるか、反応をどうやって知るか、経費を誰が負担するか、そして細かいところでは文字の大きさやデザインやタイトルなど、膨大な作業が編集・発行人の肩にかかってきます。したがって、よほど訴えたい内容を持っている人か、時間・お金のある人、読者から集金する力がある人しかメディアを持つことはできませんでした。

ところが、インターネット時代がおとずれると、メールマガジンのシステムを設定し、無料でシステムを開放するサービスが始まりました。情報発信者と読者をつなげる仕組みになっており、電子メールで届く新聞・雑誌といえばよいでしょうか。発行者は小学生からプロまでさまざまです。

最大のサービスは「まぐまぐ」というインターネットの本屋ですが、分野ニュース・エンターテイメント・情報源・ファッション・暮らしと健康・企業ビジネス・ゴシップなどあらゆるジャンルがあります。

私も2000年5月8日からからチャレンジしています。当初は「久恒啓一のビジネスマン教授日記」というタイトルで、毎週月曜日に出しました。内容は前週の私の動きを書いたものです。講演を聴いたくれた人へのアンケートでメールアドレスを収集し、日々、自分で打ち込んで読者として登録していました。1000人を超えたあたりから、発行のたびに、テーマに沿った反応がメールで届いたり、ホームページに書き込みがあるなど、内容についての問い合わせや感想をもらうことも多くなってきました。こうした反応をみて、少しずつ力がついてきたように感じていました。

このメルマガは「久恒啓一の学びの軌跡」とタイトルを変えて続けており、2019年1月14日現在、第1165号を発行、独自のメルマガが2807人、まぐまぐのサービスを使ったメルマガでは3842人の読者数があります。

そして、ある時期からブログの内容とホームページをリンクすることにしました。ブログには日々の行動、イベント、読書、交流、などが記されているため、久しぶりに会う友人たちも私の動きを知っており、スムーズにコミュニケーションがとれています。

ブログ「今日も生涯の一日なり」は楽天のブログサービスで、２００４年９月28日から始めました。楽天が仙台に本拠地を構えるというニュースがあり、仙台にいた私は何か縁のあることをしようと、その頃始まったサービスに参加することにしたのです。途中で、「はてな」のサービスに乗り換えましたが、２０１８年６月７日に、連続５０００日になりました。最初は数行しか書かなかったのですが、内容がだんだん増えつつあります。気がついたら一カ月続いていたので、「どうせなら、毎日書こうか」と軽く考えたのです。コツコツ積み上げていく感覚なので、野球でいえば、打席に立ち、ヒットを打つ感じがあります。

数カ月たった頃から、ファンである巨人・ヤンキースで活躍した松井秀喜の連続試合出場記録１７６８を目標に続けようと公言するようになりました。もちろんそんなことができるとは思ってもいませんでした。ところが、その数を超えました。次は名球会の資格である２０００本安打、松井の日米通算安打、日本４位の長島茂雄の２４７１本、王貞治の２７８６本、野村克也の２９０１本、そして１位の張本勲の３０８５本も越えてきました。メジャーリーグに目を転じて、2位のタイカップ４１９１本、1位のピートローズの４２５６本を過ぎ、イチローの日米通算記録４３６７本も越えてきました(２０１８年シーズン終了時点)。５０００日の連続記録達成には、多少の感慨があります。

宮本武蔵の『五輪書』には「千日の稽古をもって鍛《たん》とし、万日の稽古をもって錬《れん》となす」とあります。鍛え、練りが加わった名刀になる、つまり人間として鍛錬がなるのは1万日です。次の目標は1万日でしょうか。その頃、私は82歳。私が生まれてから現時点で2万5000日。ブログ連続5000日ということは人生の5分の1です。1万日で3分の1。1万5千日になると95歳、ブログが2万日になるのは109歳、その頃は人生の半分はブログを書き続けたという計算になります。以上は空想、いや妄想です。

ブログはいつ書くか。毎朝5時から、1時間～1時間半ほど書くのが習慣になっています。ブログを書くために、朝5時に起きる。早朝に起きるためには、朝起きる理由が必要です。私の場合は、その理由がブログです。始めた頃は、昨日の一日を思い出しながら、書き綴っていました。あるときから、前夜に書くべきテーマを決めて、少し準備をしておくといいことに気がつきました。寝ている間に、考えがまとまってくるところがあり、さわやかな頭で、書きかけの文章を書くのでスムーズに入っていけるようになりました。

作詞家の阿久悠はレコード大賞を5度受けている戦後最高の作詞家です。その阿久悠は日記魔でした。亡くなる70歳まで、26年7カ月にわたって毎日独特の日記をしたためていました。その日の誰かの発言、死亡、さまざまなニュースなどをピックアップして書く。それは時代を感じ取ろうとしていたのです。作詞は時代という魔物の正体に向けて弾丸を飛ばすことであり、そのために得体の知れない時代に向き合った。だから、常に高い高度を維持して飛び続けることができたのです。

続けているとしょっちゅうトラブルが起きます。前夜の疲れで起きられない、インフルエンザにかかる、出張で中国に行ったらネットにつながらない、ありとあらゆるトラブルが襲ってきます。その都度、工夫をして問題を解決しなければ続かない。一日でも気をゆるめたら、それでおしまいになる可能性がある。要するに崖っぷちの連続です。何事も継続しているということは、自分の内外の変化に対応する力がついているということでしょう。

◇ツイッター

ユーザーが「つぶやき」と呼ばれる140字以内の短い記事を書き込み、ほかのユーザーがそれを読んだり、返信をすることでコミュニケーションが生まれるインターネット上のサービス。Twitter の Web サイトでユーザー登録をすると、つぶやきを書き込むページが用意されます。多くの開発者が、Web ブラウザーを使わずに Twitter を利用する専用アプリケーションを公開しており、Windows、Mac OS、iPhone などで利用できます。

また、携帯電話向けの公式ページが用意されており、携帯電話の Web ブラウザーでも利用できます。ほかのユーザーのつぶやきを追跡することを「フォローする」といい、自分のつぶやきとフォローしたユーザーのつぶやきが同じ画面上にリアルタイムで表示されます（＝タイムライン）。フォローするのに相手の承認は不要で、自分がチェックしていない間もタイムラインは流れていくことから、「ゆるいつながり」が生まれるとされています。リアルタイムに情報を収集する手段として注目されています。

１４０字という少ない枠の中でひとまとまりの情報をつくり、発信するのがツイッターです。フォローする人のツイッターは、川の流れのように、眼前を流れ続けます。文字が少ないので、ポイントだけを短い時間でみることができ、情報量は膨大になります。しかも、テレビと違って、最新情報が、現場からいきなり飛び込んできます。フォローすべき人やニュースサイトなどの情報源からの情報は貴重です。しかし匿名の発信も多く、信憑性に気をつけないと危ない面もあります。

◇フェイスブック

米フェイスブック社の提供するソーシャル・ネットワーキング・サービス（ＳＮＳ）。もともと米国の学生の交流を目的に開発され、サークルやパーティーの募集、就職や趣味など、さまざまな情報交換に利用されていました。画像や動画の投稿、ほかの参加者とのメッセージの交換などができるほか、Ajax に対応し、一般のユーザーが開発したアプリケーションを自由に追加できるのが特徴。当初は大学内のメールアドレスを持つ大学生のみを対象としたサービスでしたが、２００６年９月からは誰でも利用できるようになりました。２０１８年７月現在、世界で14・7億人以上が日常的に使っているという世界最大のＳＮＳ。ここ日本でも多くの人が利用しています。

ネット世界は匿名での発信が多いのですが、フェイスブックは本名、経歴、関心分野などを明らかにしないと参加できないので、そこで語られる情報は信用度が高くなります。写真や動画も見えるので情報の強度は強い。友だちになっている人の動きは、自然に目に入るので、「いいね！」などの反応もやりやすく、コメントもつけやすい。友人たちの日常が手に取るように見えてきます。

フェイスブックにはグループ機能もあり、私はゼミのグループをつくり活用しています。

社会人大学院では、私の受講生のグループをつくって、出席確認をかねて翌朝5時までに感想をアップするように強制していますが、夜の授業でも全員の書き込みが翌朝には手に入り、それをブログに活用しています。

◇インスタグラム

iPhone または Android 端末で画像や短時間動画を共有する、無料のスマートフォン・アプリ及びそれを用いたサービスのこと。写真に特化したSNSであり、スマートフォンで撮影した画像やカメラロールに入っている画像を多彩なフィルターでさまざまに加工し投稿・共有できます。

Facebook・Twitter・foursquare・Tumblr などとの連動機能があり、他のSNSにも写真を投稿することができます。2010年10月6日にアップル社の App Store に登場して以来、利用者数が急増。2018年10月現在、世界で5億人以上の人が日常的に使い、1日に投稿されるストーリーズは4億以上と、画像SNSの最大手に成長しました。

2012年4月、フェイスブック社により10億ドルで買収されましたが、デザインフィルターの拡充や対応原語（20カ国以上）の拡大など、独自の進歩・発展を続けています。

私は、主に卒業生との写真を中心としたコミュニケーションに使っています。

◇LINE

LINEは、スマートフォンアプリを中心に無料でチャット（トーク）や通話を利用でき、ゲームや音楽など関連サービスも楽しめるコミュニケーションツールです。世界のユーザー数は２０１７年７月時点で２億１０００万人超。日本国内だけでみると、７６００万人以上が利用しており、国内ユーザー数ではここにあげたＳＮＳの中ではダントツです。

私は家族との連絡、兄弟とのコミュニケーションに使っています。最近では91歳の母も参戦し、孫や曾孫の写真を楽しんでいるようです。ゼミ生との連絡にも便利です。

◇note

noteは、文章、写真、イラスト、音楽、映像などの作品を投稿して、クリエイターとユーザをつなぐことができる、まったく新しいタイプのウェブサービスです。つくった作品（ノート）は通常のブログやＳＮＳなどと同様に無料で公開することもできますし、手軽に売り買いすることも可能です。新作を発表して読者やファンと交流する、自信作のノートを売る、あこがれのクリエイターのノートを買うなど、クリエイターとファンの新しい交流のかたちを実現しています。

この優れもののサービスは、本の原稿を書くために使っています。人によって使い方はさまざまだと思いますが、私の場合は毎日書いているブログの内容をテーマごとにコピーして、note のサービスに書き込んでおり、自動的に本の原稿の原案ができあがるという具合です。私がここ数年取り組んでいる「名言との対話」シリーズは、この note というサービスのおかげでできあがっています。最近は、映像を貼りつける無料のサービスを利用しています。

２０１６年1月1日から始めた note での「名言との対話」ですが、２０１６年は「命日編」、２０１７年は「誕生日編」、そして２０１８年は平成を送るつもりでイメージ写真を入れて「命日編（平成命日編）」として、毎日書き続けています。この秋には１０００日になり、「千人千言」が達成できました。これも続けていこうと思います。

◆プライベート

◇ゴルフのスコア管理もプロ並みにできる！

「富田英雄の個人レッスン」は、私の師匠とのスコア向上のためのやりとりです。

ホームコース「相模湖カントリークラブ」と「西仙台カントリークラブ」をリンク。仙台に行って2年目の1999年から、2018年までの20年間のゴルフの全記録が掲げてあります。スコア、ゴルフ場名、年月、一緒にまわった友人の名前が記されています。生涯の平均スコアの算出も可能です。

バブルの崩壊でよかったことの一つに、ゴルフにかかる料金がだいぶ落ち着いてきたことがあげられます。ゴルフ会員権もひと頃に比べてずいぶんと下がりました。また時間にゆとりがでてきたり、各種サービスも現われてゴルファーにとってはいい環境が整ってきたのではないでしょうか。地方ではラウンドフィーが安いので、若い人もゴルフを楽しむ人が増えています。

しかし、このゴルフのスコアをマメにつけているアマチュアのゴルファーは少ないと思います。スコアカードはいつしか無くなってしまうのが月一ゴルファーの平均的な姿で

久恒啓一 図解WEB

プロフィール　キャリア開発史

メディア　社会貢献　講演　著作　教育者　大学院　ゼミ　講義　久恒サロン　ブログ　研究者　学会　知研　人物記念館の旅　一覧　地図　情報源

ホーム >> キャリア開発史 >> プライベート >> 久恒啓一の横顔

プライベート

キャリア開発史

- 日本航空時代
- 九州大学探検部時代
- 知的生産の技術研究会
- プロフィール
  - プロフィール2
  - Profile（English）
- プライベート
  - 久恒啓一の横顔
  - 久恒啓一の年賀状
  - ゴルフ
  - 写真
  - 頂いた色紙
  - ヨガ
  - 久恒啓子(母）の歌碑
  - 故久恒照智(父）の墓碑

関連するページ

大学教授としての久恒啓一
- **教育者**

久恒啓一のライフワーク
- **人物記念館の旅**

ブログ　毎日書き続けているブログ　今日も生涯の一日なり

掲示板　ご感想はこちら！　久恒サロン

メルマガ　週二回発行中のメルマガ　久恒啓一の「学びの軌跡」

久恒啓一の横顔

これまでに新聞・雑誌に掲載された記事の中で、久恒啓一の人物像にスポットが当てられているものを紹介しています。

木鶏クラブ通信「横浜中央木鶏クラブ」5月例会報告	2012.8.3	致知
母校・中津北高などに蔵書贈る	2010.4.17	大分合同新聞
中津北高図書館に久恒啓一コーナー	2009.秋	中津市議会議員　すがるみ子ニュース
河北抄	2008.3.18	河北新報
最後の授業　エール熱く	2008.3.14	河北新報
『ドラッカーの本には、いつも新しい発見がある』	2007.12	ドラッカー　一流の仕事をするプロの教え
わが街　わが友　「空輸マグロで感謝祭」	2007.7.5	東京新聞
U7 Interview FILE025	2007.3	U7（学士会）
殻破る大学人　「役所・企業に改善提言--民間出身の強み・「解」得る力育成」	2005.3	日本経済新聞
颜語り　久恒啓一	2004.6	りらく6月号
あの日　あの時　「探検精神で活路開く」	2004.4.13	河北新報
ビジネスマンのタイムマネジメント術	2003.11.17	NIKKEINET
ラポール457　梅棹先生があって「知研」がある	2003.8.7	野田一夫website
ラポール410　図解革命が始まった	2002.9.12	野田一夫website
時間管理の達人	2003.3.1	Koyomi365
世の中の鳥瞰図を描ければ、判断を誤ることはない	2002.7.9	経済界
当節サラリーマン事情　図解の持論を学問に	2000.11.22	読売新聞
『一期一会』　須藤晨三	2000.6	文集「ひこうき雲」
『知的生産の技術』	1997.6.13	「行為と妄想」（梅棹忠夫著）P152・153
痛快生活講座「自分史」を書いてみる。人生のテーマを見つけるために。	1999.9	旺文社ムック「ガレレオ」
経済界9/14夏季特大号　学生企業家列伝 －彼らを育てる懐の広さが必要だ－	1999.9.14	経済界夏季特大号
第39回全国社内報コンクール総括　社内報はいま、組織変革の推進役となっている!?	1999.9	月刊総務9月号
サラリーマン　教壇に立つ(4)　「自分探し」を応援	1999.05.25	日本経済新聞
サラリーマン　教壇に立つ(3)　企業マインド発揮	1999.05.24	日本経済新聞
サラリーマン　教壇に立つ(2)　授業、夢中の「戦い」	1999.05.22	日本経済新聞
サラリーマン　教壇に立つ(1)　ひらめき、ときめき	1999.05.21	日本経済新聞
みやぎ国体をバリアフリ国体として成功させよう	1998.12.08	朝日Ｗｉｌｌ
愛（LOVE）を徹底追及する　ラブ・マーケティング情報誌 号外 久恒さんの評判！	1996.11.1	久恒さんの評判！

ページ先頭に戻る▲

しょう。

ゴルフの世界にも、インターネットを使ってゴルフのスコア管理というビジネスを始めた企業が現われました。毎回のスコアを詳しく書き込んでおくと、平均スコア、パーオン率、平均パット数などが常時わかるようになっており、プロと同じ土俵でそれなりの精進ができるしくみになっています。

２０００年の『文芸春秋10月臨時号』～「ゴルフ　その大いなる魅力」という特集には、〝ゴルフの効用〟〝１６９人ビッグエッセイ〟〝巨泉大いに怒る〟〝五十歳から上達するためのヒント〟といった記事が満載で、楽しめました。

驚いたことに50歳前後でゴルフを始めたり、熱中したりする人が多いのですが、スコア管理にこのようなサービスを使うのも一興ではないでしょうか。

またこのサービスは、自分が行なったゴルフ場に関する自分の印象を自由に書き込めるようになっており、コースの良し悪しや評判が実際の体験者によって説明されており、初めてのコースに行くときなどは大変役にたちます。

◇いただいた色紙

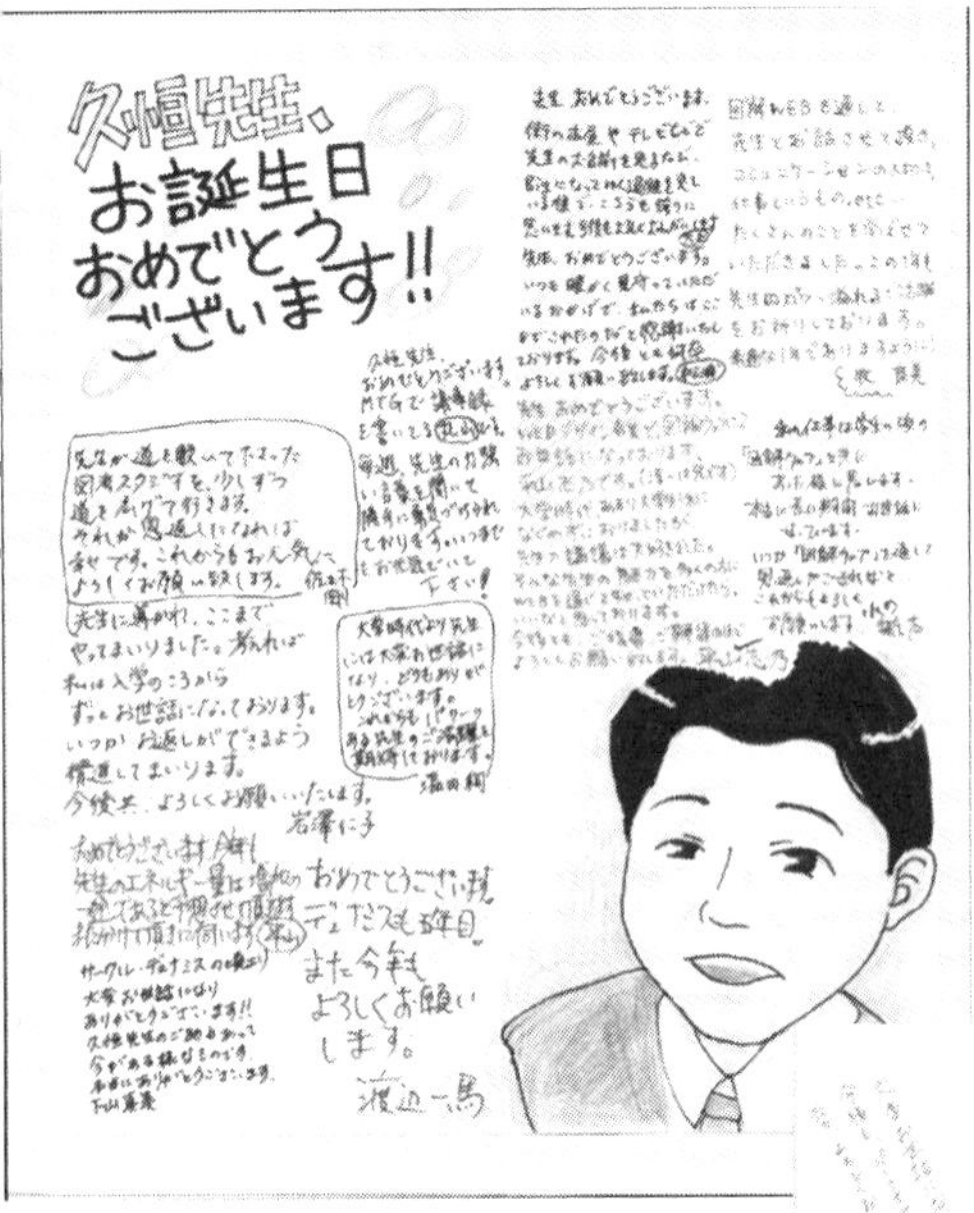
久恒先生、
お誕生日
おめでとうございます!!

久恒啓一先生
宮城大学 顧客満足ゼミ 2003年度卒業生より

久恒先生へ
感謝を込めて

◇ヨガ

２０１６年から週に一度、近所のヨガ教室で早朝ヨガをやっています。最初は女性しか入れませんでしたが、通い始めた妻に先生にお願いして入れてもらいました。３年たっても、男性は私も含めて２人だけで、あとは女性です。最初は体が固いし、終わるとぐったりしていましたが、だんだんとついていけるようになりました。週に一度だけですが、ストレッチと瞑想で、心身ともに調子がよいのはこのヨガのおかげだと思います。

◇久恒啓子（母）の歌碑

私のウェブには、母の第一歌集『風の偶然』、第二歌集『風あり今日は』、第三歌集『明日香風』のすべてのページを読み込んであります。

著書『万葉集の庶民の歌』『私の伊勢物語』『万葉歌の世界』。

朝日新聞の「折々の歌」に取り上げられた記事等。

そして折々に、母が私を詠んでくれた短歌が時系列で掲げてあり、私自身の自分史にもなっています。

母の歌にみる息子である私の自分史

【高校生】

朝の厨に貧しき人のため弁護士を志すと吾子はわれに告げに来

箭山路をバイク二十粁に制しつつ吾子の進学費目算しみぬ

【浪人時代】

合格者発表のテレビに吾子の名のなければ消して真夜立ち上る

志曲げずと二期校を放棄せし吾子の口元にその父を見る

予備校に発ちてゆく車窓の子にありふれし言葉のみしか出でず
子の去りし部屋に貼らるる自らの励ましの言葉剥がさずにゐる
浪人となりたる子より来し葉書碁の本と共に夫は置きゐる

【大学生】

連翹の黄が開きゐる構内に入学式粉砕のビラ貼られゐる
中核派と民青のアジ合戦がジェット機の爆音にしばしとぎるる
入学式終へたる吾子の衿元にＪのイニシャルを夫はつけやる
無期限ストを告げてくる子の電話の中博多の宵の騒音きこゆ
学生運動に共鳴せしも行動に踏みこめずゐると子の便り来ぬ
約束の街角に子は横断歩道の人ごみを縫ひ手を振りて来る
玩具の如く組立てし理論よと夫は言ひつつ子にウヰスキー注ぐ
探検隊に加はりゆく子を送りきて奄美大島の予報聞きゐつ
毒蛇に噛まれむときの血清を持ちゆくと子はさりげなく言ふ
命だけは大切にしてと声かくるリュックの背の振りかへらざり
僕が死ねば良き歌出来むと子の言ひしことばにこだはり一日籠りぬ

台湾へ発つ日近づき手料理を食べたしといひて子は帰り来ぬ
遂げざりし思ひを子にと台湾へ行く子の資金無理してつくる
指の間より汁したたらせ桃食めば千魃の島の吾子し思はる
基隆、台北、台中、花蓮とさすらへる吾子の便りに中国語まじる
台湾の旅の終りにわがためと子は選びしや翡翠のみどり
柿の木も井戸も幼き日のままに残せと言ひて子は去りゆけり
帰省せむ子の靴音を腕組みて待ちゐる夫の白髪増しゐぬ
不況時の就職試験の迫る夜を夫の助言の電話に長し
就職試験に子の発ちゆかむ空に向き見ゆる筈なき機影を探す
受験のとき励ましその街角にヨーロッパへ行く吾子を見送る
帰国せし子は闘牛士の真似をして挫折を知らぬ明るさにゐる
子に逢へば別れのときを忘れゐて雨のタラップつまづきのぼる

【社会人】

就職の決まりたる子は送りゆくわれの歩巾に合はせて歩む
札幌へ転勤せし子に送る手紙桜前線追ひこしてゆかむ

ヨーロッパ行きを決めたる子は父に似ぬ異性なり遠ざかりゆく
涙拭へと友のくれたるハンカチをロンドンへ行く子の機に向けて振る
今ごろは北極の空を飛びてゐむ子の残したるパンを食みゐる
子の机に置かれあるロンドン・タイムスECの文字がトップに占めゐる
訪ひし子はロンドン滞在一年にてスープの音をたてず飲みゐる
半年前は知らざりしひとの姑となりビルの間を肩よせあるく
嫁のくれしシャネル五番の香水が雨しぶく傘の中に匂へり
嫁達に夫は誕生日祝はれてケーキの蝋燭吹き倒したり
とりどりの雨傘通りてゆく銀座茶房に臨月の嫁と見てゐつ
信濃の山を清く流るる梓川に因みて孫を梓と名付く
図書館と海の近きが取り柄ぞと九階の空間を購ひし子は
七十へーべの空間の支払い契約が三十年とぞためらひもなく
子の住まふマンションは九階なか空の白雲と共に漂ふごとし
子と嫁の起きて来む間をリビングのテレビは世界の天気図うつす
人工浜へ続く並木のプラタナス葉交ひの小花を嫁の見つけぬ

出版せし子の書のあり処確かめぬ買い物帰りの辻の書店に
はじめての話のごとく聞きてゐつ酔いて帰れる子の武勇伝
もっと何か話すことなどあるごとき思ひをのこして子の家を出づ
送りたる野菜にまじりて仏の座の小花ありぬと嫁よりのこゑ
円高を嘆きゐる子と原油安を喜びゐる子を夜半に思ひぬ
いま一度子の住む東京へ行かむとぞそれのみ言いて夫を励ます
変われることはなきやと問へり電話にてくしゃみ激しき花粉症の子は
出張の帰りに寄るとふ子に作らむ鱧のちり鍋きぬ貝のぬた
もはや子は仕事のことを考へゐむ後姿みせて帰りゆきたり
夕餉もとらず戦艦「大和」を組立つる児もその父も戦を知らず
内定ゆゑ誰にも言ふなと昇格を真先に告げ来声を低めて
壁にかかるカレンダー20のアラビア文字ただに目がゆく子らの帰る日
汝の人生は汝のもの言ひし夫が拒否反応見す子の転職に
二十余年務めしビルの灯眺めつつ感傷示さぬ子とワインくむ
後半は大学にて若者育てむと未来のみ言ふ子を眩しみつ

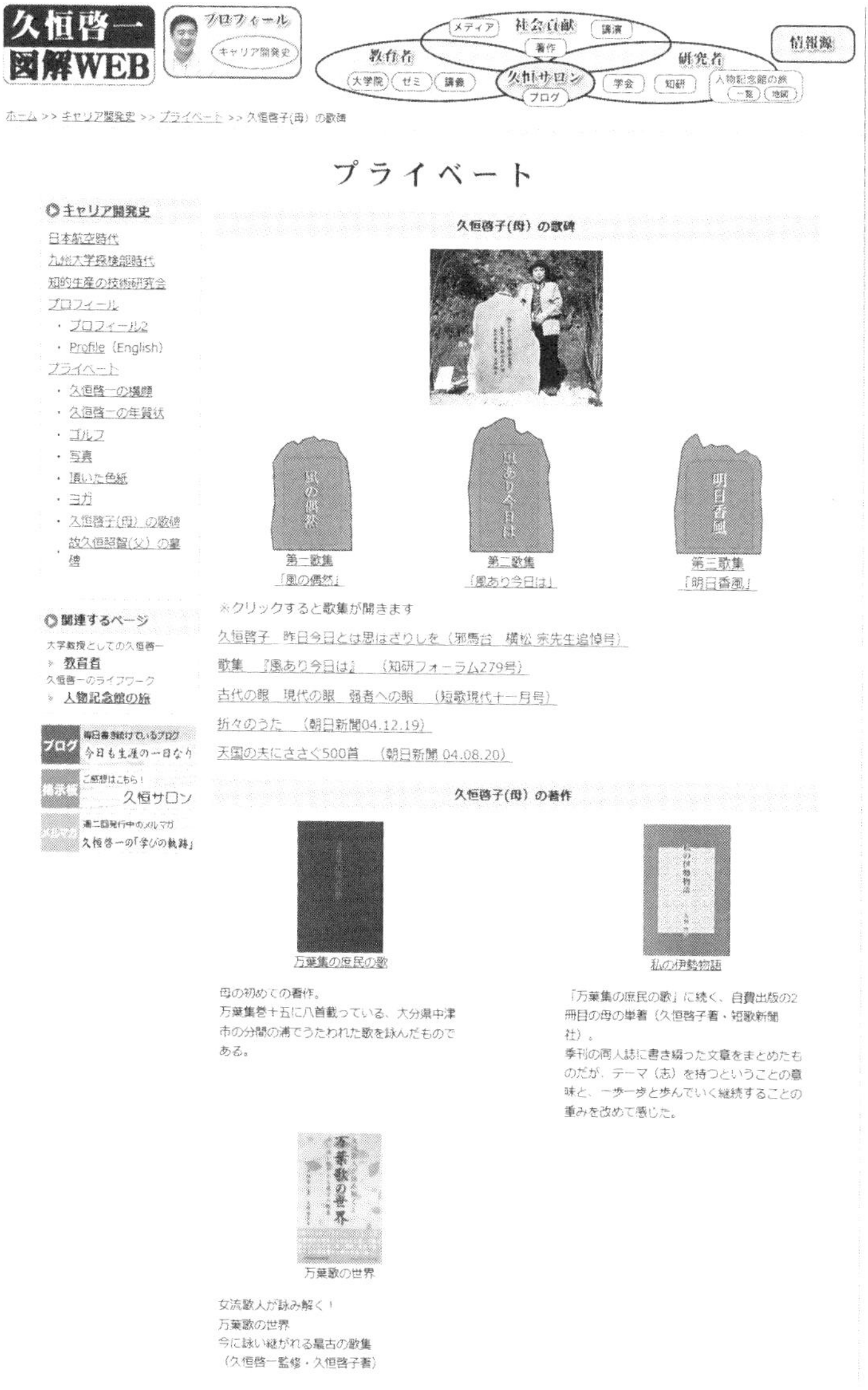
久恒啓一
図解WEB
プロフィール
キャリア開発史
メディア
社会貢献
講演
著作
教育者
大学院
ゼミ
講義
久恒サロン
ブログ
研究者
学会
知研
人物記念館の旅
一覧
地図
情報源
ホーム >> キャリア開発史 >> プライベート >> 久恒啓子(母) の歌碑
プライベート
キャリア開発史
日本航空時代
九州大学探検部時代
知的生産の技術研究会
プロフィール
・プロフィール2
・Profile（English）
プライベート
・久恒啓一の横顔
・久恒啓一の年賀状
・ゴルフ
・写真
・頂いた色紙
・ヨガ
・久恒啓子(母) の歌碑
・故久恒昭智(父) の墓碑
関連するページ
大学教授としての久恒啓一
教育者
久恒啓一のライフワーク
人物記念館の旅
ブログ
毎日書き続けているブログ
今日も生涯の一日なり
掲示板
ご感想はこちら！
久恒サロン
メルマガ
週二回発行中のメルマガ
久恒啓一の「学びの軌跡」
久恒啓子(母) の歌碑
風の偶然
恩あり今日は
明日香風
第一歌集
「風の偶然」
第二歌集
「恩あり今日は」
第三歌集
「明日香風」
※クリックすると歌集が開きます
久恒啓子　昨日今日とは思はざりしを（邪馬台　横松 宗先生追悼号）
歌集　『恩あり今日は』　（知研フォーラム279号）
古代の眼　現代の眼　弱者への眼　（短歌現代十一月号）
折々のうた　（朝日新聞04.12.19）
天国の夫にささぐ500首　（朝日新聞 04.08.20）
久恒啓子(母) の著作
万葉集の庶民の歌
母の初めての著作。
万葉集巻十五に八首載っている、大分県中津市の分間の浦でうたわれた歌を詠んだものである。
私の伊勢物語
「万葉集の庶民の歌」に続く、自費出版の2冊目の母の単著（久恒啓子著・短歌新聞社）。
季刊の同人誌に書き綴った文章をまとめたものだが、テーマ（志）を持つということの意味と、一歩一歩と歩んでいく継続することの重みを改めて感じた。
万葉歌の世界
万葉歌の世界
女流歌人が詠み解く！
万葉歌の世界
今に詠い継がれる最古の歌集
（久恒啓一監修・久恒啓子著）

◇年賀状

1997年1月の年賀状は、3月末で勤務先を退職し、転身し宮城大に行くと書いています。1998年の年賀状では「疾風怒濤の日々を送っています」と報告しています。これ以降も年賀状は毎年、図解ウェブにアップしています。

2006年からは年賀はがきで送る年賀状の廃止を宣言し、メルマガで年賀の内容を送ることにしました。基本はネット中心に人とつながることにしたのです。それからは正月に1本のメールを書くだけでとても楽になりました。年賀状はせいぜい数百人でしたが、メルマガでは数千人に送っています。

> あけましておめでとうございます
>
> さて、小生この度転身を決意し、本年三月末をもって勤務先を退職することとなりましたのでご報告致します。ご縁があり、本年四月仙台に開学予定の宮城大学(宮城県立・野田一夫学長)の教授として奉職することになりました。家族ともども仙台に転居する予定です。勤務先の日本航空株式会社におきましては、社内外の皆様に大変お世話になり、思う存分仕事を楽しむことができ感謝致しております。昭和四十八年の入社以来主として労務・広報・経営革新をテーマに勉強させていただきました。また今回の転身のきっかけとなりました「知的生産の技術」研究会(梅棹忠夫顧問・八木哲郎会長)においては十七年間にわたり素晴らしい仲間達と活動を重ね、「図解の技術」(日本実業出版社)などの著作を上梓する幸運にも恵まれました。転居は三月末を予定しており連絡先が決まり次第改めてご連絡致します。それまでは自宅にて準備をしております。今後ともよろしくお願い申し上げます。
>
> 平成九年　元旦
>
> 久恒啓一

あけましておめでとうございます。

宮城大学に奉職して九ヵ月が過ぎました。この間、野田一夫学長をアシストしながら、疾風怒濤の日々を送っております。素晴らしいハードに、独立採算を目指す優れた経営ソフトが加われば、まさに「二十一世紀の新しい公立大学」の誕生となります。また日本航空時代の経験や「知的生産の技術」研究会での活動が役に立つということで、宮城県の行政改革推進委員への就任など行政や地域に関わる仕事も増えてきました。私自身の講義も順調で、教育という仕事の素晴らしさを実感する毎日です。ただ今のところ思ったより忙しく、本を書く時間のないのが悩みです。家族ともども仙台での生活も気に入っており、新しいライフスタイルの確立に挑戦してみるつもりです。ぜひ一度お寄り下さい。ご案内いたします。

宮城大学　教授　久　恒　啓　一

E-mail：KGJ01213@niftyserve.or.jp　E-mail：hisatune@mac1.sp.myu.ac.jp

あけましておめでとうございます。

宮城大学に奉職し二度目の正月を迎えました。①「学生とともに成長する教育者」②「地域とともに歩む研究者」（宮城県行政改革推進委員・県長期総合計画審議会専門委員・通産省や気仙沼市の各種委員・バリアフリー国体の提唱など）③「二十一世紀の新しい公立大学モデル建設への参画」を3本柱に多忙で充実した日々を送っております。尊敬する野田一夫学長をアシストしながら今年も頑張ってまいります。また開学直後の忙しさにかまけておりましたが、本年は著作もいくつか上梓する予定です。家族（妻・高一女・中一男）もすっかり仙台が気に入り、安定した生活を取り戻しました。今年もご支援・ご指導のほどよろしくお願い申し上げます。

平成十一年　元　旦

宮城大学　事業構想学部　教授　久　恒　啓　一

あけましておめでとうございます

昨年は「図で考える人は仕事ができる」（日本経済新聞社）がベストセラーになり、新聞、雑誌を中心としたマスコミ出演、そして講演の殺到など大きな渦の中に巻き込まれていくのを楽しみました。またその余波として昨年末から始まった出版ラッシュは今年拍車がかかる予定ですが、工夫して何とか乗り切りたいと考えています。

また昨年から地域活性化のためのプロジェクトへの関与が増えてきてノウハウ蓄積のサイクルが回り始めました。住宅メーカー、大型ショッピングセンター、地域活性化、中央官庁、、、、、、。

今年の最大のテーマは昨年開発した「図で考えるキャリア開発」プログラムの実践です。3月から、通信教育とスクーリングを中心とした独自のキャリアカウンセラー資格（伯楽）の講座が始まります。また昨年末に仙台で立ち上がったキャリアカウンセラーの専門集団であるNPOキャリア開発研究機構（理事長）を通じて、キャリアを切り口とした地域活性化に挑戦します。
（キャリアの杜：http://www.career-mori.jp）

今年もご厚誼のほどよろしくお願いいたします。

久恒 啓一

和町学苑一番

.jp
/ebを参照してください。
hisatune.net

新年あけましておめでとうございます

教育：「一年の計は穀を樹うるに如かず
十年の計は木を樹うるに如かず
百年の計は人を樹うるに如かず」（管仲）

研究：「地上にもともと道はない。歩く人が
多くなればそれが道になる」（魯迅）

地域貢献：「己の立てるところを深く掘れ、
そこには必ず泉があらむ」（高山樗牛）

最近、個人記念館の旅を始めました。
宮沢賢治、新渡戸稲造、三浦綾子、井上靖、
後藤新平、斉藤実、司馬遼太郎、斉藤茂吉、
結城豊太郎、浜田廣介、原阿佐緒、吉野作造、
棟方志功、土門拳・・・・・。

久恒 啓一

2005年、ハガキで出した最後の年の年賀状。

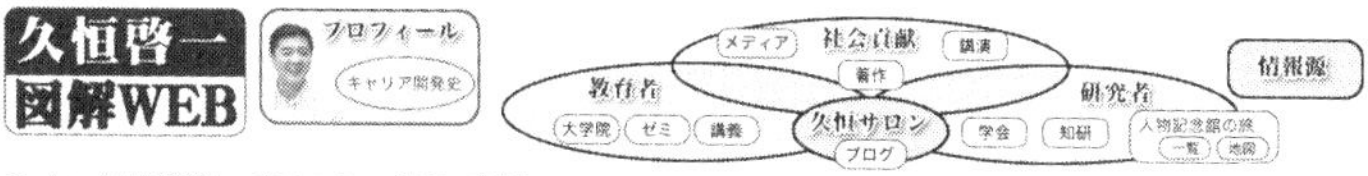

ホーム >> キャリア開発史 >> プライベート >> 久恒啓一の年賀状

久恒啓一の年賀状(近況報告)

平成30年

2018年が明けた。家族そろっての元旦。

近所の神社でお参りとおみくじをひく。大吉。

「風吹けば　風吹くままに　港よしと　百船千船　うちつどひつつ」。

新しこと2つ：「名言との対話」（平成命日編）とPodcast配信「偉人の名言366」。

正月三が日は、今年の計画を立てる期間。

2015年は「名言の暦」と題して命日と生誕の人の名言を、毎日記した。

2016年は「名言との対話」と題して、命日の偉人とその名言を選び、毎日対話した。

2017年は「名言との対話」と題して、誕生日の偉人とその名言を選び、毎日対話した。

2018年は、平成が終わる時代になるので、1989年（平成元年）から平成の終わりまでの期間に亡くなった人物を取り上げて、その人の名言と対話しながら、平成時代を自分なりに送ることをやってみようか。過去3年と比べて、最も難しいプロジェクトになるだろうが、挑戦してみることにしよう。

2018年1月1日（本日）よりポッドキャスト（インターネットラジオ）の配信を開始した。無料。毎朝5時に配信。声優が読む偉人の名言 を楽しもう。『偉人の名言366命日編～人生が豊かになる一日一言～』

iPhone: https://itunes.apple.com/jp/podcast/id1323710347

Android: https://castbox.fm/va/1115874

（ブログ「今日も生涯の一日なり」2018/01/01より）

平成29年

夫婦と息子、それに娘と葵唯ちゃんの五人で過ごす正月元旦。

朝の食事の後、地元の日枝神社に初詣。

今年の運勢は、「吉」。

立ちよれば　そでになびきて　白萩の　花のかゆらく　月の下かげ

（時期をあやまらずはやくあらため進みてよし　人と人と互に力をあわせてなすによきときあり　されどわるきことと知りつつすすむは悪し注意すべし）

旅行「さわりなしよろし」商法「利益あれど少し」学業「友より一層学べ」方角「東の方万よし」

電話で新年の挨拶は、九州の母、妹。横浜の弟。群馬の義姉。みな健やかに正月を迎えている。

ＩＴ時代を迎えてネットの中で生きることにして、年賀状はもう15年ほど出さないことにしている。それでも来るので、何人かに電話で挨拶。中村伊三雄さんと会話。

年末には年初の計画の進捗状況を評価し、年始には計画を立てるというサイクルを続けて37年目に入る。2016年の総括は12月31日の大晦日に書いた。2017年の計画は、持論の「自由」でまとめることにした。肉体的自由、経済的自由、時間的自由、精神的自由。それぞれの自由の拡大が幸せへの道である。休みの間にじっくりとまとめたい。

人物記念館の旅は、新潟、福井、富山、石川、それに秋田、島根を予定している。期せずして今まで縁が薄かった日本海方面となった。東京では企画展を中心に訪問する。再出発！

昨年は、その日が命日の偉人の名言を拾い、感想を書くという業が完成した。

今年は、誕生日に変えて同じ業を行うこととしたい。最後の所感部分を多めに書くことを課したい。

（ブログ「今日も生涯の一日なり」2017/01/01より）

平成28年

「年賀状廃止宣言！」を発したのはもう10年前の2005年の年末だった。

「年賀状廃止宣言！」（2005年12月13日）
毎年、数百枚の年賀状のやり取りをしているが、その労力は膨大にもかかわらず、多くは儀礼的なもので、年に一度の交流が多くなってしまっている。
まず、ここ数年ネット時代の中でホームページ、メルマガ、ブログといったメディアに挑戦してきており、この世界での知り合いが多くなってきたので、年賀状の役割はこういったメディアで代用したい。メルマガには、知人の多くに登録してもらっているので、漏れる人はそう多くはない。むしろやり取りをする人が増え、人との縁が広がっていくということになる。
また、大切な友人や先輩、先生に対しては手紙や葉書で一人一人に近況をきちんと知らせるようにするなど交流を強めていきたい。人との縁が深くなっていくということになる。
親戚に関しては、家族で写った写真を載せた年賀状を送るのが我が家のならわしとなっているがこれは継続する。子供二人の成長や夫婦の状況も、この写真年賀状を見ればわかるから、親戚には好評だ。我が家の歴史にもなってきているので続けられるだけ続けていきたい。

こちらからは出さず返事も出さないから、当然のことながら次第に年賀状は来なくなるので元旦の年賀状を読む楽しみはなくなるが、それでも痛痒は感じない。

近所の日枝神社にお参り。
今年の運勢は「大吉」だった。昨年は「吉」だったから少しいいかもしれない。

ときくれば　かれきと　みえし　やまかげの　さくらも　花のさき　にほひつつ
（初めは冬の枯木の葉、おちて花もなく淋しくこの末如何ならんと気遣うも其の内に春となりて花咲く如く末よき運なり何事も慎め退屈せず時をまてば必ずよし）

娘夫婦と孫、息子が揃い、賑やか。

（ブログ「今日も生涯の一日なり」2016/01/01より）

平成27年

あけましておめでとうございます！

初詣した近所の日枝神社の今年のおみくじは「吉」。

霜いくたび
おけど
かれざる
まつかえの
ときはの
色の
うつくしきかな

なにごとも心動かず常業をまもりてゆくときは　おもひがけぬ幸をうることもあるべし。

いろいろと迷うときは人にたぶらかされて身のおき所にも苦しむ事あり。


ブログやメルマガなどのＳＮＳが登場して変わったことの一つは年賀状をやめたことだ。

新しいメディアの中で生きることを宣言したわけだ。

2006年の正月から通常の年賀状を廃止したから、もう10年目を迎えた。（返事も出さないので失礼します）
過去のメルマガで出した、あるいはブログに書いた年賀状の文面は、日航を早期退職して宮城大に奉職した1997年からすべて私のベースキャンプであるホームページの中にある。
http://www.hisatune.net/html/05-career/private/index.htm

年末に年賀状書きに追われることは無くなったし、過去の文面もいつでも見れるから、こちらの方が便利だ。

止めても一向に不便は感じない。


さて、今年はどういう年にしようか。

年末に行う総括を踏まえて、年始に計画を立てるのが習慣になっている。

考えているキーワードを並べてみようか。

- 「蔵書1万冊計画」「日本文学全集読破計画」「個人中期計画」
- 「インサイトコミュニケーション」「学部新中期計画」「戦後史」「ビジネスモデル」「ＫＤＰ元年」「個人全集」「文庫の旅」「ウオーキング」「スイミング」「俳句」「吐鳳」「本流回帰の読書」、、、、。
- 今年中に達成が見込まれる記録。
    - 「ブログ連続記入4000日」。
    - 「メルマガ1000号」。
    - 「人物記念館の旅・700館」。

平成20年

新年あけましておめでとうございます！
皆さん、初詣はどうされますか？

私は今年は仙台の自宅でゆっくりしているので
近所の加茂神社にいくつもりです。
一昨年の加茂神社の初詣では「末吉」、
（風さわぐ秋の夕は行船も　いりえしずかに宿を定めて）
昨年の1月1日の初詣のおみくじは「吉」、
9月の宇佐神宮のおみくじは、同じく「吉」でした。
（ゆきくれて　まよえる野辺のほそみちに
　さやけき月のかげはさしけり）

今年はいかなる運命となるでしょうか。
ある占星術によれば、今年は「再会」の年となるとの
ことですので、それを信じて進んでいくつもりです。

年末年始には、年始に細かく記した「今年の希望」項目を、
年末に◎○△×と総括し、翌年の年始にはやるべきことを書き出す
という作業を行っています。この習慣も28年ほど続いており、
私にとっては年末年始の大切な行事となっています。
今年は何を目標としようかと考えていますが、新しいことにも
チャレンジするつもりです。

今年は出版ラッシュが予定されています。
ここ5年ほどメインテーマだった図解コミュニケーションに加え、
昨年あたりから若手ビジネスマンを励ます本の流れがでてきました。
また3年で200館を超えた「人物記念館の旅」で学んだことも
今年は書籍として結実する予定なので、楽しみにしています。

最近「継続は力なり」の意味が本当にわかってきた感があります。
・ブログの連続記録は1200日超。(今年の目標1500日超）
・メルマガ（週2回発行・配信数8000）の発行も560号。
・「人物記念館の旅」は217館。（年内300館が目標）
　　http://www.hisatune.net/kinenkan/kinekan_list.htm

また、ここ10年ほど長期低落傾向にあった健康診断の数字ですが、
ここ2年ほど反転しつつありますので、勢いを持続していきたいものです。
（皆さんは、いかがですか？）

最後に、年末に手に入れたiPod touchを休み中に使いこなせるようになりたい
と思っていじくっています、これも楽しみです。（＾＾；）

では、皆さん、よいお年をお迎えください。

（久恒啓一のビジネスマン教授日記　「今日も生涯の一日なり」2008/01/01より）

◇ウエブも衣替え

私のウェブには大学近隣の自然などを背景として描いています。

モノクロだとわかりにくいのですが、春は満開の桜、夏は入道雲、秋は紅葉、冬は裸木。そして季節折々の句を載せ、季節感を出しています。

春

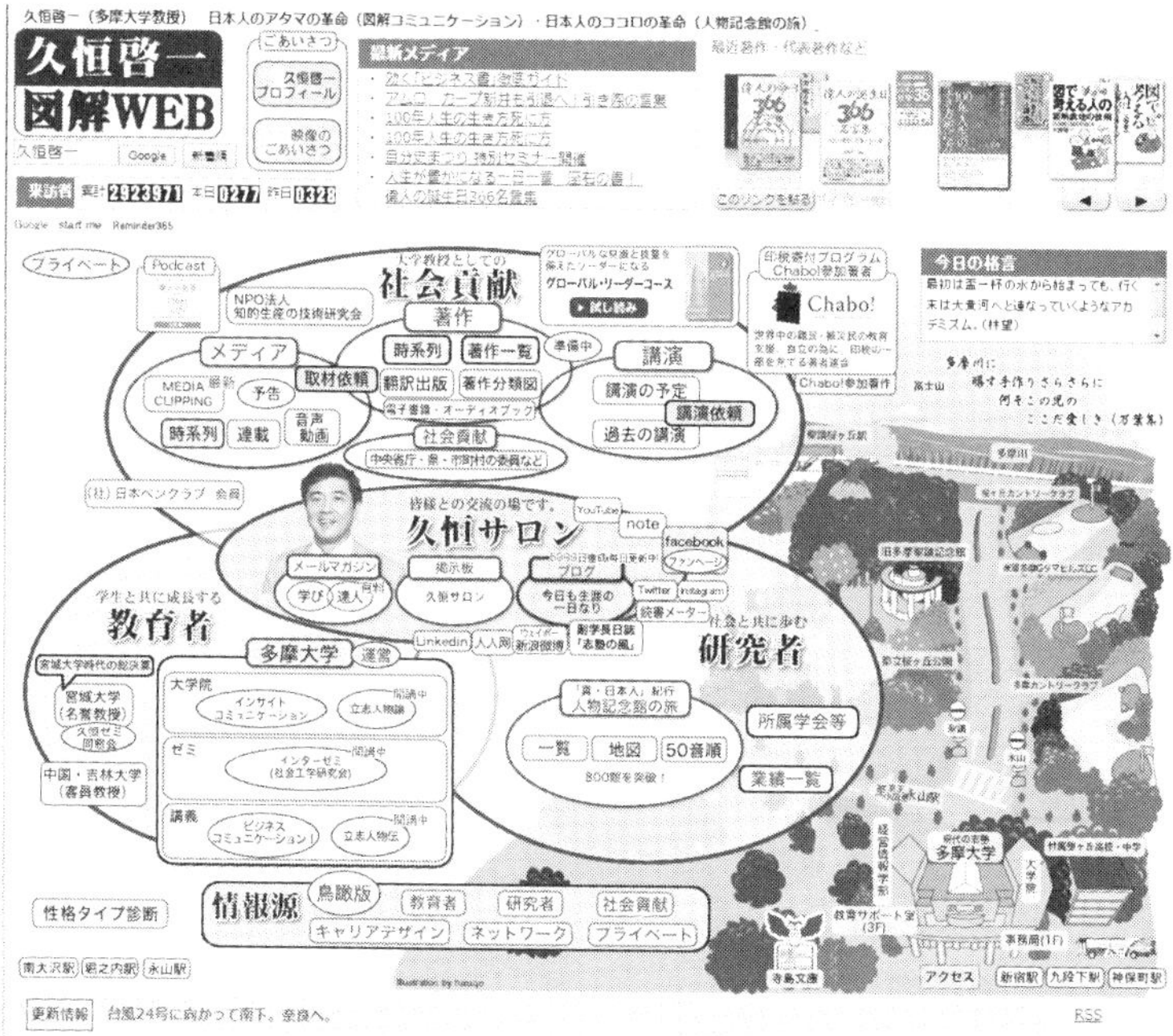

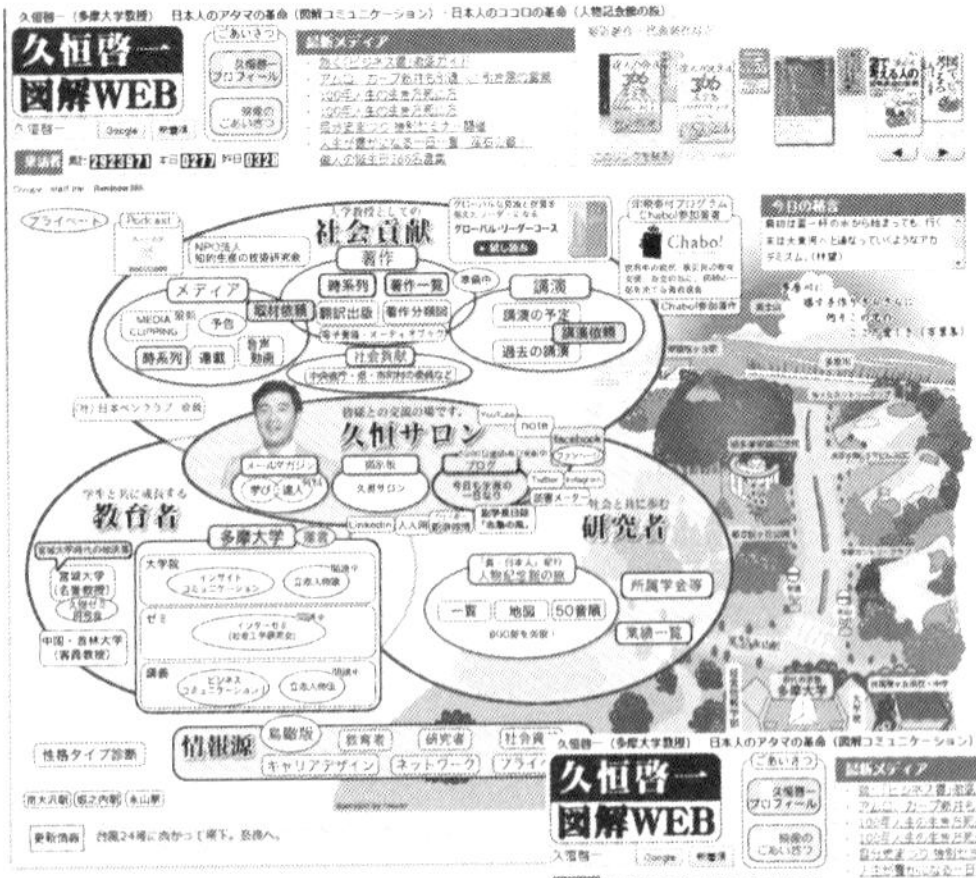
久恒啓一
図解WEB
社会貢献
久恒サロン
教育者
研究者
情報源

夏

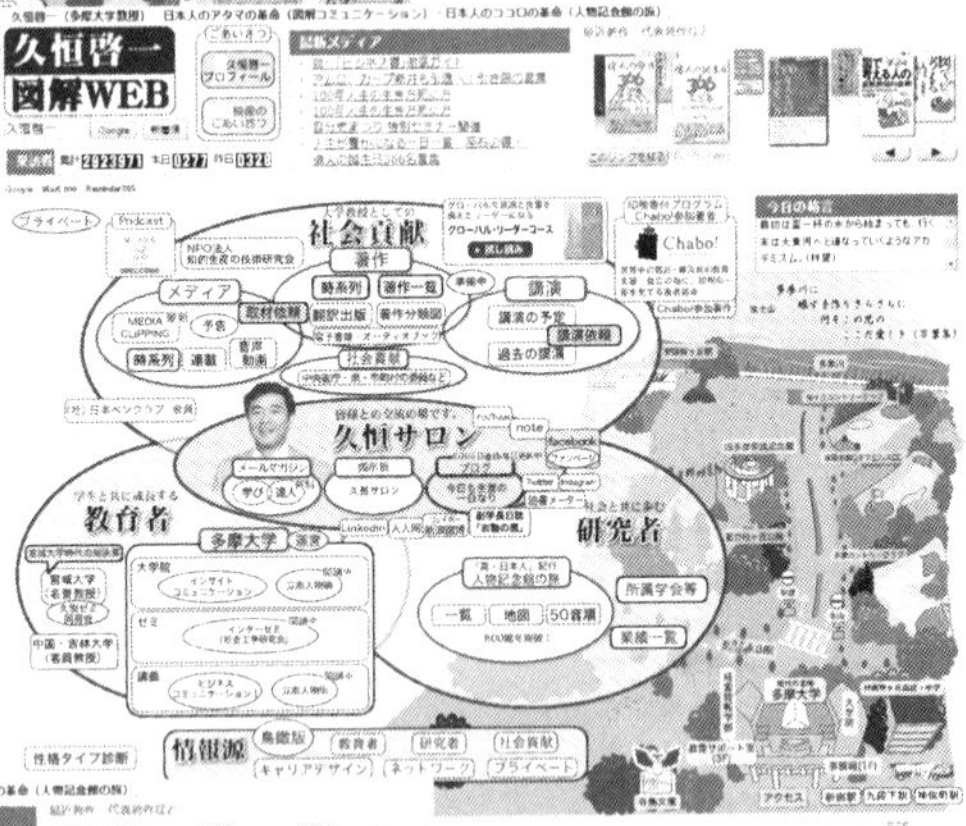
久恒啓一
図解WEB
社会貢献
久恒サロン
教育者
研究者
情報源

秋

冬

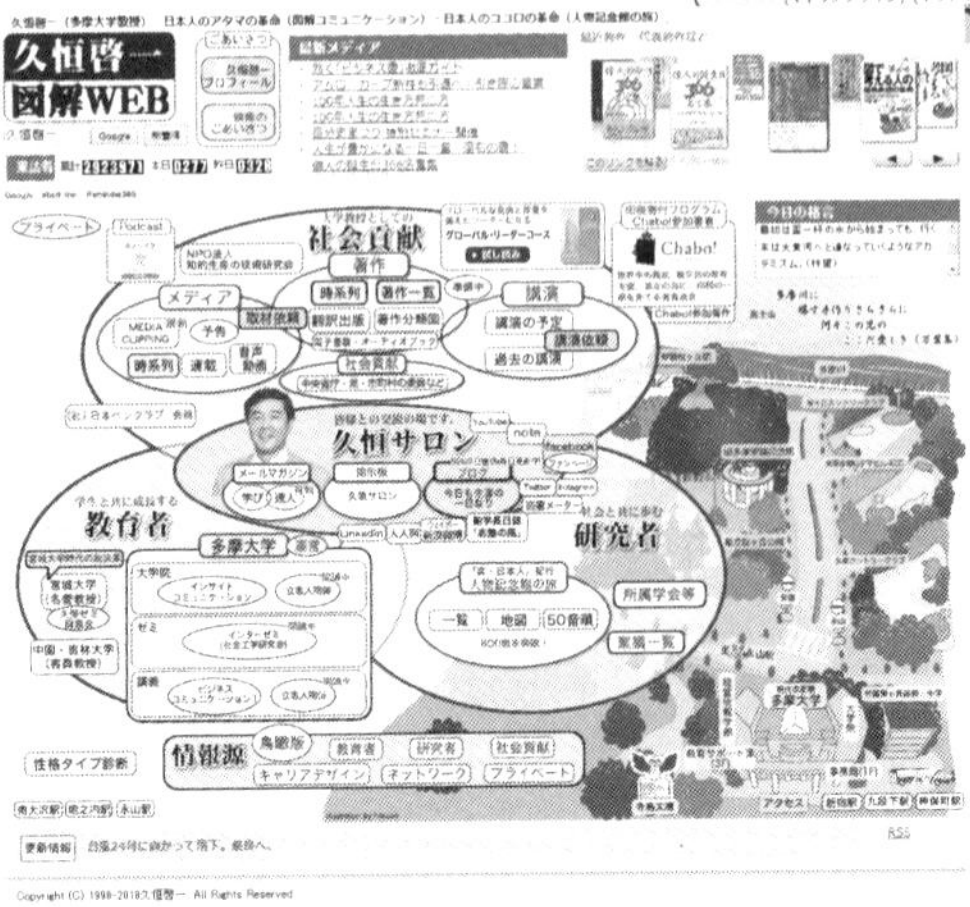
久恒啓一
図解WEB
社会貢献
久恒サロン
教育者
研究者
情報源

◆キャリア開発史

キャリアのコーナーでは、最初に図解を1枚掲げてあります。小学校から現在までのキャリアの進行が一目でわかるので、講演などで便利に使っています。それぞれの時代には、リンクがはってあります。

「キャリア開発史」の年表は、1969年の九州大学入学以来のキャリアが載っています。キャリアとは、仕事歴を中心とした学習歴と経験歴の総体のことだと私は考えます。仕事歴では社会に出てからの組織と肩書きと仕事の歴史。経験歴では海外渡航歴。学習歴では著書出版の歴史がわかります。

キャリア開発史

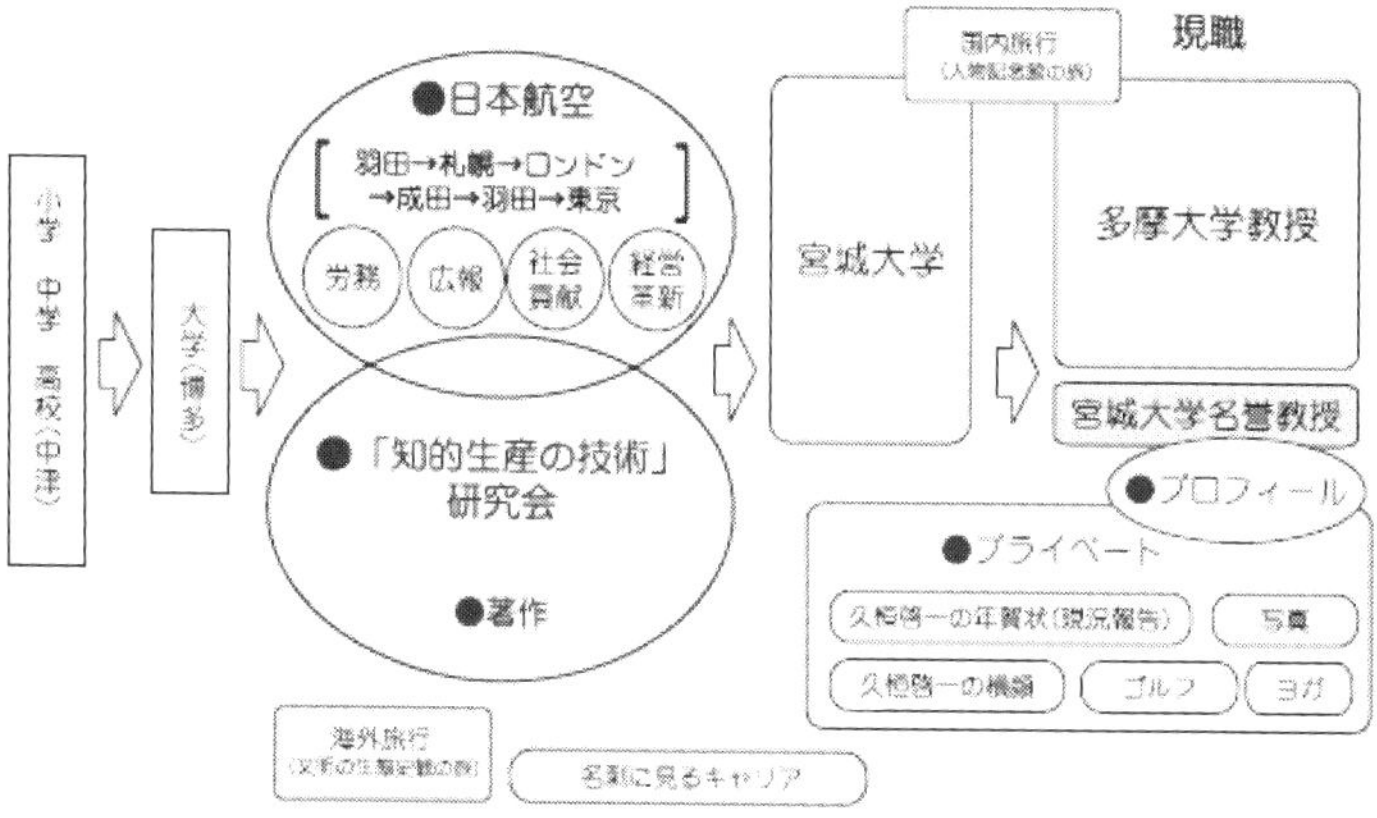

◇海外旅行＝文明の生態史観の旅

キャリア開発史の図解の中の「海外旅行―文明の生態史観」のところをクリックすると梅棹忠夫先生の「文明の生態史観」の図を見ることができます。生涯をかけて、この思想を確かめる旅をしています。現在40ヶ国。

◇国内旅行＝人物記念館の旅

キャリア開発史の図解の中の「国内旅行―人物記念館の旅」をクリックすると、日本地図に各地域別に訪問した人物記念館の訪問記を見ることができます。「テーマのある国内旅行」。温泉とグルメの旅からの脱却。

◇名刺に見るキャリア

キャリア開発史の中に「名刺に見るキャリア」というコーナーがあります。日本航空での管理職になって以降の名刺、そしてＮＰＯ法人知的生産の技術研究会の名刺の変遷をあげてあります。

◆その他

◇最新メディア：さまざまなメディアに登場した最新の記事。
◇最近著作・代表著作など：アマゾンに直接飛べる。
◇久恒啓一プロフィール：詳細版。簡略版。
◇来訪者：累計。本日。昨日。累計は300万ヒットへ。
◇Google：自分が話題になっているものをチェック。
◇start.me：TODAY。Yahoo!ニュース。シェアリングエコノミー。
◇Reminder365　一覧表
　誕生日から約：2万5000日
　ブログ開始から：約5000日
◇映像のご挨拶：久恒啓一映像のご挨拶。宮城大学での最終講義の様子。

◇出張報告をホームページを使って書く

情報時代に入っても出張はビジネスマンにはつきものです。海外も含め知らない土地で仕事をし、珍しい食べ物やお酒を飲み、時間があれば名所旧跡を訪ねることができる出張は余禄のある楽しい仕事です。

しかしこの出張には2つの苦痛が伴います。1つは旅費の精算です。海外の場合は通貨の問題もあるし、また時間がないこともあって、よほど几帳面な人でなければ、細かい金銭記録をつけることはしないでしょう。その結果、帰ってから整理のためにたっぷりと時間を取られてしまいます。

もう1つは「出張報告」を書かねばならないことです。仕事そのものの情報にプラスアルファを加味して仕上げることが大切ですが、ここでもホームページの「情報源」は威力を発揮します。

◇問題解決、調査、コメントまで。ホームページがあれば大丈夫

今の私は、問題の解決や調査などあらゆる分野にホームページを活用しようとする生活態度でやっています。新聞やテレビなどのマスコミからさまざまなテーマでインタビュー

を受けることが多くなってきました。しかも専門分野というより、あまり知識のない分野で、という場合もあるのです。

たとえば、仙台時代には地元テレビ局から、「少子化」「カラオケ産業の盛衰」「カード破産問題」、そして「町内会の活性化」などのテーマでインタビューがありました。これに答えるためにホームページをどのように使っているかを紹介しましょう。

「少子化」については、政府関係の審議会や各種白書が掲載されているホームページ、「ネットde百科」という百科事典サービス、河北新報の記事データベースKD、などで資料を概観し、1枚の図解をつくり、それをもとにインタビューに答えました。

「カラオケ産業」については、やはり新聞記事のデータベースが役に立ちましたが、カラオケ業界の協会のホームページ、通産省などの資料にもあたることで、「自己満足産業」などの新しいキーワードを考え出して、自分なりの意見を述べることができました。

役員のなり手がいなくなってきている町内会が大胆な広告をテレビで流したことがありました。年配の町内会長と若者が恋人をほったらかして相談をしているというコマーシャルです。「町内会の活性化」についてのインタビューが同時に二つの局から私のところにありました。このような分野ではコメントを頼む人がいないようです。これもインターネットで「町内会」を引いて、実情や新しい流れを探り、若者に手伝ってもらってインターネット町内会をつくる提案をしてみました。

テレビでは「地域活性化に詳しい」というテロップが出ていました。

◇今日の格言

私が収集した偉人の名言が日替わりで読めます。

◇「最新情報」コーナーでリピーターにアピールする工夫

大型のホームページを運営していても、変化する部分は意外に少ないのです。毎回すべてのコーナーをみるという人もいませんし、オーナーの私自身も新しい情報をチェックするために開くことがほとんどです。

そうなると、ようやく獲得したリピータにとって大切なのはどこの情報が新しいかという情報になります。

解決策として、「最新情報」というコーナーを画面の上方に設置して、見てほしい情報に関しては開示するという実験を行なっています。

自著のＰＲとか、講義にかかわる掲示情報、マスコミ露出情報などを中心に掲載するようにしています。リピータは新しい情報を得ようとしてアクセスしてくれるのですから、最新情報に関する情報提供の工夫は、ホームページの生存を賭けた戦いになるのです。

まだまだ工夫が必要だと考えています。

◇性格タイプ診断：日本エニアグラム学会へ

エニアグラム：人の内面に生じる欲求・感情・思考の動きの仕組み、人の態度・言動とその動機との関係を明らかにし、人の本質・個性を分類・整理して、異なる個性の相互理解と共生への道を探る理論体系です。

エニアグラムは、人間の本質は生まれながらにして９つのタイプに分けられるという考えに基づいています。

日本エニアグラム学会は、広く一般個人を対象にして、エニアグラムに関する知識の普及とその活用のための事業を行ない、もって人間性の本質的な理解に基づく成長と成熟を通して、自己実現と自立を目指す個人の生き方を支援し、人と人が調和し共生する豊かで創造的な関係で結ばれる社会の実現に寄与することを目的としています。

◇時刻表：京王線・バス

私が使う京王線の電車時刻表。大学からのバスの時刻表。

◇多摩大学：トップページ

多摩大学赴任後、最初に取り組んだのが、ホームページの作成でした。

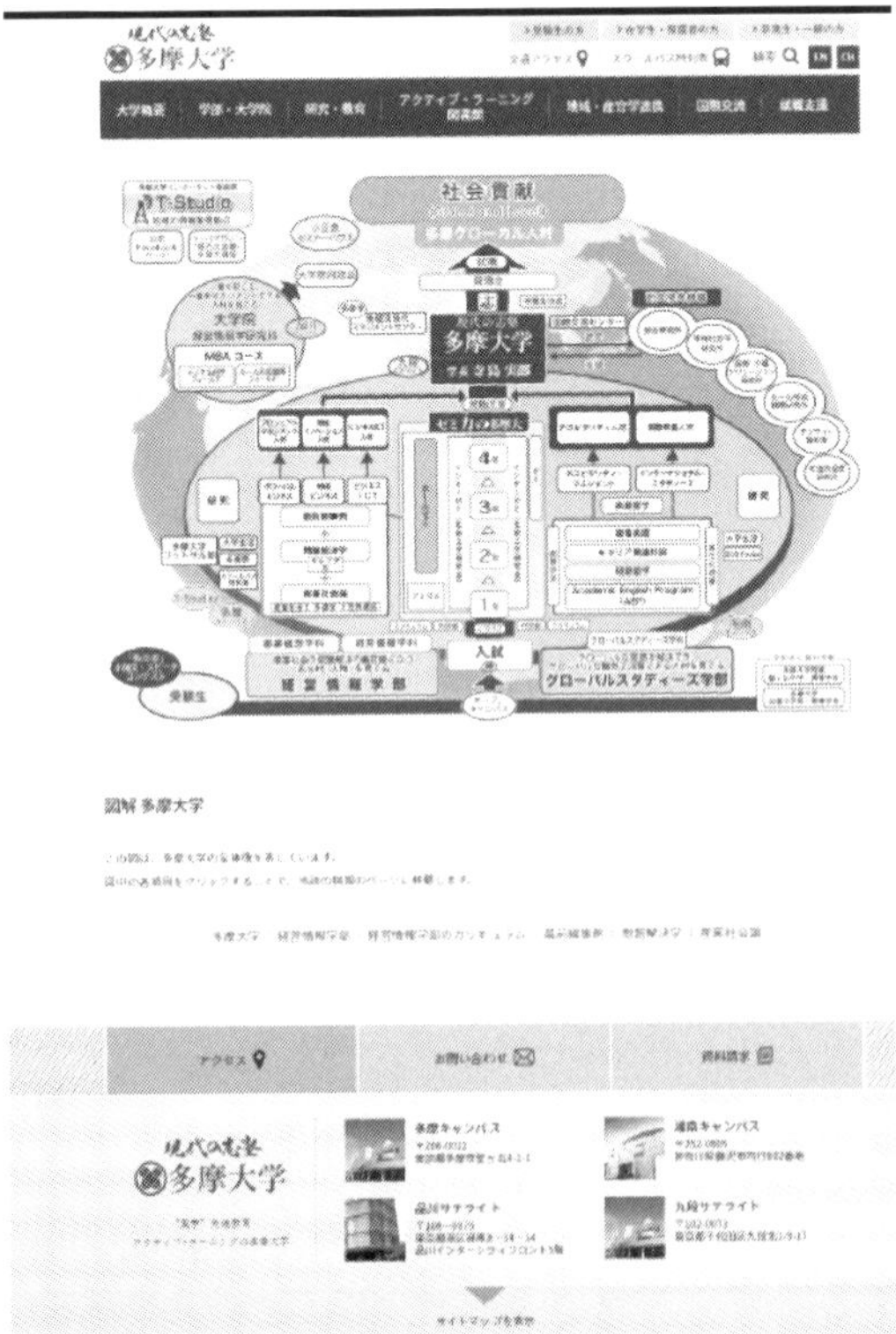

最初に作った多摩大学のホームページ

多摩大学
GERONTOLOGY
私立大学研究ブランディング事業
大都市郊外型高齢化へ立ち向かう実践的研究
－アクティブ・シニア活用への経営情報学的手法の適用－
アクティブ・ラーニングの多摩大
ジェロントロジー(高齢化社会工学)の多摩大
News

現在のホームページ

Education
経営情報
学部
グローバル
スタディーズ
学部
人材を育てる。
大学院経営情報学研究科
研究開発機構
多摩大学T-studio
多摩大学発25周年記念ファシリティ「T-studio」は、地域への情報発信拠点として「課題解決型情報番組」を制作し、インターネットを通じて発信します。
一覧を見る
Pickup Contents
入学を決めた理由
「私の志」
入賞者発表
世界と日本の構造変化に
変わらざる視座を求めて
アクセス
お問い合わせ
資料請求
多摩大学

◇隠し味：富士山、多摩川、時刻表

図解ウェブには、隠し味が埋め込まれています。

毎日、富士山の写真をアップし続けているサイト：湖山亭うぶや／365日毎日富士山全てのお部屋から富士山と河口湖を望む「湖山亭うぶや」。予約スタッフが365日毎日撮影しています。

「多摩川散策　河口から奥多摩へ」というサイト：多摩川散策／河口から奥多摩へ。この「多摩川散策　河口から奥多摩へ」は、河口から奥多摩氷川渓谷までの多摩川を写真で遡れるようにしたものです。

桜ヶ丘カントリーと多摩カントリーのゴルフ場のサイト。

電車とバスの時刻表。

◇生涯累計

図解ウェブを進化させていると、過去と現在、そして未来に考えが及ぶようになってきます。「生涯」という言葉を意味深く感じるようになりました。

自分は生涯で何をなそうとしているのか、生涯を通じてどのような活動を行なってきたのか、生涯を通じて心の通い合った友人は何人いるのか、生涯で何日ブログを書いたことになるのか、ゴルフの生涯平均スコアはいくつか、読書した本の数は何冊か……。いつのまにか「生涯累計」という視点が生まれてきたようです。

次の数字は、2018年12月末現在。

ブログ　5230号（2019年1月22日現在。日々、増えています）
メルマガ　1162号
人物記念館　857館
著書　144冊
講演　669本

◇個人でも大きな企業に負けない情報を収集できる

社会の進歩という観点から情報の問題をみると、知識や情報はいつの時代も一部の人たちの占有物でした。為政者だけが情報を独占していた時代、知識階級がそれに加わった時代、そして民主主義の発展にともなって庶民の中の一部の人々が教育を受け、知識を吸収して仕事に生かす時代、となっています。インターネット時代には、知識や情報を独占していたあらゆる階層の持っていたパワーが色あせてしまうでしょう。

日本政府は政策立案のための統計や情報を一手に握って優位に立っていましたが、ここ数年、情報公開の流れに乗ってほとんどの官庁にホームページができ、さまざまな統計や委員会における議論なども、インターネットを使って誰でも見ることができるようになりました。横文字を縦文字に翻訳して講義をしていた学者も、受講生が直接情報源にアクセスして最新の情報をつかむようになってくると、情報源の独占や知識の独占は不可能になってきました。

インターネット時代には、情報はどこかに必ずあって、たどり着くことができるのです。情報を収集する手段であるネットワーク・リテラシーを身につければ、大きな企業とも遜色のない情報を収集できる可能性があります。

そうなると、今後は集まった情報を咀しゃくし、整理し、新たに組み立て、それをわかりやすく表現するという部分の能力が一段と重要になることは明らかです。

情報と手段の収集活用能力・意欲、そして情報を取り扱う上での理解力もあわせて情報リテラシーと呼ぶと、インターネットの登場によりこのリテラシーを用いることによって情報は膨大・迅速・的確に収集できるようになりました。

今後必要な能力は、それらの膨大で異質の情報を整理し、自らの考えをつくり出し、相手に伝える能力です。記憶力ではなく、考える力が重要になってきました。

◇ライフデザインとライフスタイル

ライフデザイン：仕事歴を中心とした学習歴と経験歴の総体がキャリアであり、キャリアにプライベートを含むとライフデザインになります。

ライフスタイル：ライフ（Life）という言葉には三つの意味があります。生命・人生・生活です。

生命という意味にスタイルをつなぎあわせたライフスタイルとは、「生老病死のあり方」といえるでしょう。生誕から死亡にいたるまでの、それぞれのステージの豊かさを確保することは、高齢社会の大きなテーマです。

人生という意味につなぐライフスタイルとは、「生き方・価値観のありよう」といえるでしょう。人生をどのように送るかという生き方、何を大事にするかという価値観を強く意識することが大事になってきました。

生活にスタイルを組み合わせると「生活様式・生活態度」になります。幸せや豊かさとは、豊かなライフスタイルをエンジョイできる手段や意識を獲得することでしょう。

人生鳥瞰図

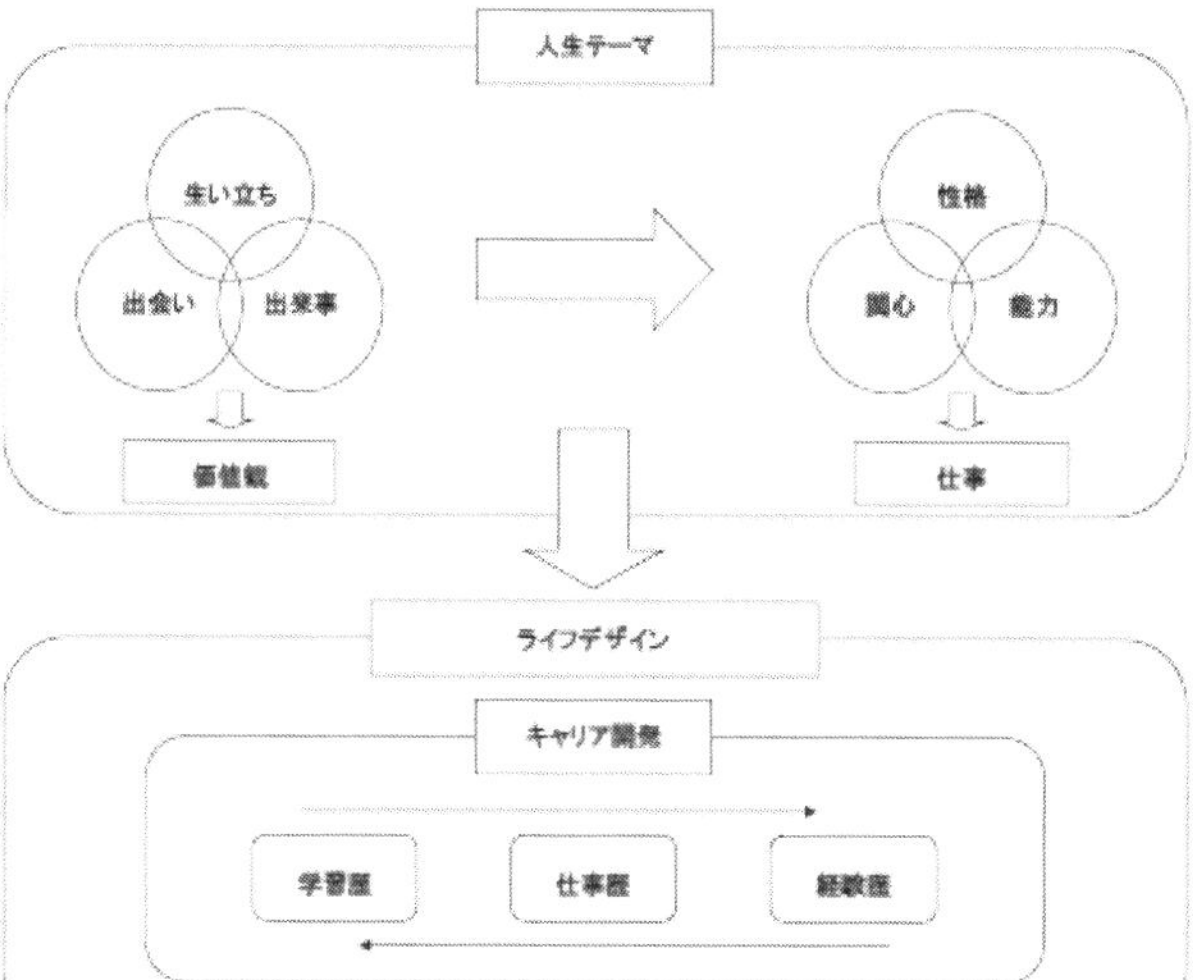

◇SNS時代のマネジメント

ブログを中心に大学幹部としての私の活動をフルオープンにしています。いつ、誰と会っているのか、どういうことがテーマとなっているのか、会議では何が話し合われているのか。こういうことを毎日のようにブログに書き込んでいますから、大学の教員、職員は、かなりの人数が読んでいるようです。するとホットなテーマが何か、次にどういう指示があるのかがわかるようになります。

後日、顔を合わせたときは、質問する前に回答が出てくるようになり、意思決定や改革改善のスピードが速くなります。組織のトップは「旗」ですから、常に見えるようにしておく必要があります。その手段がSNSです。これは新しい時代のマネジメントです。

マネジメントとは、何か。それはコミュニケーション活動です。どのような経営体にも経営資源があります。その経営資源をコミュニケーション活動によって活性化し、新しい商品やサービスを創り出すのが経営です。

経営におけるコミュニケーション活動には2つの重要な要素があります。それはインフラと情報です。情報が縦横に流れる道路が整備されているか。車線が少なくなっていないか。途中で土砂崩れが起こっていないか。道路が陥没していないか。信号機はうまく機能しているか。そしてその道路を情報満載して走る車の性能はよいか。

車の性能こそ、文章ではなく、「全体の構造と部分同士の関係」をあらわす図解を用いるべきでしょう。文章であれば、上司という信号機で、「てにをは」の議論に巻き込まれ、速度は落ちてしまいます。時速40キロ経営です。図解であれば、説明も理解もスピードが速く、ATC装備車のように、時速100キロ経営が可能となるのです。

私は図解とSNSを用いたマネジメントで、時代を切り拓くべきだと考えています。

◇自分でつくるビッグデータ

「小規模では、なし得ないことを大きな規模で実行し、新たな知の抽出や価値の創出によって、市場、組織、さらには市民と政府の関係などを変えること」。それがビッグデータです。ビッグデータの醍醐味は、個々の情報の関係性をあぶりだす点にあります。量は質を凌駕する。因果関係ではなく相関関係。埋もれていた「つながり」を発見するのです。

ビッグデータの時代：2020年には1人あたり5兆バイトの情報になるとされています。これは新書2000冊相当。ビッグデータ時代をどう戦うかがあらゆる産業のテーマとなるでしょう。交通、観光、地方創生、農業、金融、製造業、健康、医療、スポーツ。

これからはビッグデータの時代だとの声が高まっています。さて、個人の場合はどうでしょうか。人がつくったデータはビッグであってもすぐには役に立たないのではないでしょうか。この図解ウェブには、私自身の公人・個人・私人としての過去と現在が蓄積されています。今では容易に過去にアプローチができますし、現在の自分の全体像が把握できて、精神状態がいいのを感じます。自分のつくったビッグデータならば、活用は自信を持ってできます。ブログなどはその最たるものです。

以下、私のホームページを見た方々の感想です。

「知のジャングルに分け入った思いで拝見しました。自分自身をビッグデータ化できるだろうか、大いに考えさせられました。自分自身というものの可視化、これは人生を賭けるに値するテーマになりそうです」

「『継続は力なり』と『発案の』の巨人として驚かされました。少しでも近づけるよう、私も努力したいと思います。自分をビッグデータ化する思想には力づけられました。自分だけでなく、子どもや後進にも役立つと思いました。検索と組み合わせれば、思考の節約と新たな発想の源になります」

「ビッグデータの整理のやり方に感嘆しました。このデータがあるので、多くの著作が可能と分かりました」

私はＳＮＳの活用で得た個人のビッグデータの蓄積と活用によって、今後さらに驚異的な生産性をもたらすことを確信するようになりました。その新思想と完成した知的生産と具体的なノウハウ・技術を開陳するのがこの本です。

「継続は力なり」どころではありません。ＳＮＳを用いることによって記録が積み重なり、難しかった「継続」が容易になってきました。「継続は勢力なり」といえるまでになりつつある幸せな時代が迫っているのです。

Ⅲ　人生100年時代を生きる

◇長寿　カネ・ヒマ・カラダ、そしてココロ

最近話題になった本、『ライフ・シフト』の概要を次にまとめました。

◆

100歳以上の人生を送った人をセンテナリアンと呼びます。日本は現在6万人以上がセンテナリアンですが、2050年にはセンテナリアンは100万人を突破すると予測されています。今、先進国で生まれる子どもがセンテナリアンになる確率は50%以上、現在の19歳は101～102歳、39歳は95～98歳、現在59歳の人は89～94歳となり、半分以上が90歳を越える人生になるのです。穏健な楽観主義者と自称する著者によれば、平均寿命は110～120歳まで上昇し、その後は伸びが減速するとのことです。

未来を予測するには、今の8歳が55歳になったときも平均余命がいまと変わらないという前提で導き出したピリオド平均寿命ではなく、啓蒙キャンペーンと医療の進歩によって

平均余命が伸びている前提で導き出した平均寿命である「コーホート平均寿命」で考えるべきです。

『ライフ・シフト』は、このセンテナリアン時代に、人生と仕事がどのようになるのかを、経済学と心理学の観点から探った興味深い本だと思います。

今後10〜20年でアメリカの雇用の47％が消失する恐れがあり、6000万人が職を失う予測もありますが、新しい企業や産業はあまり人を雇わない傾向にあり、雇用は空洞化していくと考えられています。


では、人間にしかできないこととは何か。

複雑な問題解決に関わる能力で、専門知識、帰納的推論能力、コミュニケーションスキル、創造性、共感、イノベーション精神、遊びと即興、対人関係と状況適応能力で、主に体を使う仕事で必要とされるものではないでしょうか。


よい人生とは何か。

やさしい家族、素晴らしい友人、高度なスキルと知識、肉体的・精神的健康に恵まれた人生でしょう。そのためには、有形資産だけではなく、無形の資産が重要。それはスキルと知識という生産性資産（汎用的なスキルと良好な評判）、健康という活力資産（健康・友人・愛）、自分理解と人的ネットワークという変身資産（新ステージへの移行の意思と能力）なのです。

私たちは生涯を通じて新しいスキルと専門技能を獲得し続けます。専門技能を身につけるのは1万時間必要といわれますが、一生は87万３０００時間になるから、複数の専門を持てるのです。

アイデアの創造、直感的判断、チームモチベーション向上、意思決定スキル、思考の柔軟性。教養と科学・技術。経験学習という学び方の比重。問題解決能力を持つ人物。強力な人間関係。

長寿時代は健康の価値がさらに高くなります。３分の2は生活習慣で補える。脳を鍛える。前向きの親しい友人ネットワーク。

余暇時間はレクレーション（娯楽）から、リ・クリエーション（再創造）へ。

新しいスキル・知識、人的ネットワーク、視点への投資。金融リテラシー。

多くのステージと多くのキャリアを貫く一本の柱。アンデンティティ。

探検者（エクスプローラー）。生涯を通じて探検と旅を続け、新しい経験を追求。

特に楽しい活動：セックス、スポーツ、釣り、アートと音楽、社交、子どもとの遊び・会話・読み聞かせ、睡眠、教会通い、映画鑑賞。

何かに打ち込むこと。自己肯定感と自己主体感。覚悟と努力。デジタルテクノロジーは100年ライフの学習のための頼もしい手段。MOOCsとの競争。

無形資産をどのようにマネジメントするかが、100年時代の真のテーマとなります。

＊『ライフ・シフト』
リンダ・グラットン著／アンドリュー・スコット著／池村千秋訳／2016年／東洋経済新報社

以上がこの本の概要と主張です。

◆

さて、豊かさは先に紹介したように（P21参照）、「カネ・ヒマ・カラダ、そしてココロ」、そして自由の拡大がポイントだという考え方を私は持っています。

人生100年時代はヒマが大きく増える時代です。それはカラダにも、カネにも、ココロにも大きな異次元の、想定外の影響を及ぼすでしょう。有形資産の代表であるカネ、肉体的健康という意味でのカラダに焦点が当たるでしょうが、本丸は精神的健康という意味でのココロです。

この本で主張する無形資産である家族・友人・スキルなどは、インフラに過ぎないともいえます。長い時間を使って、人間は何をするのか。個人は何をするか。それが一人一人の真のテーマになるはずです

◇遅咲きの時代

２００５年から始めた全国に存在する人物記念館の旅は、２０１８年末の時点で８５７館を数えています。この過程でわかったことの一つは、遅咲きの人が多いということです。広く影響を与える人は偉大な人です。そして広く深く影響を与える人は、もっと偉大な人であり、さらに広く深く、そして長く影響を与える人はもっとも偉大な人です。

遅咲きの偉人に共通するのは「死して朽ちず」、つまり素晴らしい業績をあげた人物が醸した香りが、のちの世の人にも影響を与え続けていることだと思います。長寿社会は遅咲きの時代。これからの時代、人生後半の人々の中から、さまざまな分野でスターが生ま

れてくるでしょう。そういった時代を生きる上で、この本で取り上げた遅咲きの偉人たちの生き方、仕事ぶりは大いに参考になるはずです。

【多彩型】松本清張・森繁久彌・与謝野晶子・遠藤周作・武者小路実篤
【一筋型】牧野富太郎・大山康晴・野上彌生子・本居宣長・石井桃子・平櫛田中
【脱皮型】徳富蘇峰・寺山修司・川田龍吉
【二足型】森鷗外・新田次郎・宮脇俊三・村野四郎・高村光太郎

自分の「中年の危機」について考えてみます。ＪＡＬの客室本部業務部（労務）、その後、広報、経営企画の仕事をしながら40代半ば過ぎに宮城大学の教授に転身し、２００８年に多摩大学へ。２００８年は日本の人口が1億２８００万人でピークの年。この間、２００５年から「人物記念館の旅」を始めました。２０１０年には『遅咲き偉人伝』（ＰＨＰエディターズグループ）を出版して形になりました。強いていえばこの5年間が中年の危機だったでしょうか。

「図解コミュニケーション」という武器で時代を斬ってきましたが、自分にとってはわかりきったことだったので、ややマンネリ感はあったのかもしれません。人物記念館の旅からは、日本近代の偉人たちの息吹とオーラを浴び、もう一つのライフワークを手にした感がありました。図解から「図解と人物」に脱皮しながら展開していったともいえます。今年から著作活動も、もう一度活性化させていきたいと考えています。

◇独学の時代

人生100年時代は、独学の時代です。谷川健一『独学のすすめ——時代を超えた巨人たち』(晶文社)を読んで、その思いを強くしました。

在野の民俗学の第一人者である独学の人の著者が、自分で自分の道を切り拓いた民俗学の先輩の巨人たち——柳田國男、南方熊楠、折口信夫、吉田東伍、中村十作、笹森儀助——の人生の足跡を描いた力作です。

以下、「独学」に関する著者の記述のみをピックアップしました。

・正統な学問にない分野の疑問を解くのが独学。すべてに疑問を持っていく。独学にはきりがない。たえず先へ先へと進むのが独学者の精神。無限に追求していく精神。自分が得た結論をもういっぺん疑ってみる。「思うて学ばざればすなわち危うし」は独学者が自足することへの戒めだ。在野の精神。独創的な大きな仕事をした者はみんな独学者だ。生きた学問。

・学校教育は世襲の知識を受け取るところであり、国取りの知識ではない。独学のススメをできる教師こそ本当の教師である。知識は独学で学びとるときに初めて自分のものとなる。優れた学問を樹立したものはことごとく独学者の道を歩いた。

・独学者は非常に孤独だ。独学者は羅針盤を自分でつくらなくてはいけない。孤独だが、自分で切り拓いていくパイオニアとしての喜びがある。

・「自分一個の学」「私一個の学問」「自学」。独善と偏狭を戒めていれば正規教育を経てきた研究者の及ばない研究を生み出すことができる。自分で考える、考えて勉強する、調べる、そしてまた考える。この往復運動。

・与えられた既成の価値には目もくれず、新しい明日の世紀を開くために「自分で自分を作る」道を歩こうとする人びと。

・リテラリーマンとは大きな業績を残した独学者。

人生100年時代は、「時間」という人生の最大の資源が手に入る時代です。

知識や情報は誰でもアクセスできる。テーマがあり、時間を豊富に持っている人が、従来の専門家を超える時代がくるということです。インターネットという高速道路で一気にあるレベルまでは到達できる。その先の創造の道路は狭いのですが、コツコツと歩いていけば、誰も通ったことのない未知の世界が開かれる可能性が高くなってきます。独学で突き進むと、晩年に花が咲くことが期待できる、そういう時代になりました。

誰にとっても未知の分野に進むには、確かに指導教官など不要でしょう。凛々たる勇気と自前の武器で未知のフィールドを探検したいものです。何かにはまる人にもランクがあると梅棹忠夫先生が言っています。

最初は「通」、次は「好き者」、そして「道楽者」と順番にはまり具合が深くなるという見立て。自分でも「始末におえない」といっており、最後は「極道」となります。

「なんにもしらないことはいいことだ。自分の足で歩き、自分の目で見て、そのけいけんから考えを発展させることができるからだ。知識は、あるきながらえられる。あるきながら本をよみ、よみながらかんがえ、かんがえながら、あるく。これは、いちばんよい勉強のほうほうだと、わたしはかんがえている」

この梅棹先生の言葉には、大いなる自由を感じます。あらゆる文献を読み、世界を探検して歩いた、この碩学の学びの極意がここにあります。

第2章
深・知的生産の技術

〈知研セミナー名講義の再録／その1〉

桑原武夫
独創は情報の交錯から生まれる

＊桑原武夫（くわばらたけお／1904～1988）仏文学者、評論家。スタンダール、アランの紹介者として知られる。京都大学名誉教授。

◇カントも芝居もテレビもすべて材料

まず、演劇のたとえ話から入りましょう。演劇にもいろいろありますが、国立劇場や歌舞伎座などの大劇場と、観客がせいぜい300から500人程度の小劇場とがあります。大劇場の極度に拡大されたものとして、テレビドラマがありますが、ここでは「話」があらかじめ決まっていて、俳優はそれのいわば挿絵をかくようなもので、知的創造はゼロです。それに対し小さな劇場では、筋があらかじめわかっていても優れた女優、男優が演ずることによって新しいものが創造されているなという感じをうけることがあります。コミュニケーションをたとえてみると、大劇場はマスコミ、小劇場はミニコミ、あるいは口コミということがいえると思います。

そこで知的生産ということを考えてみます。生産というのは、何らかの形でモノが出てくるということです。モノは金でもいいし、本でもいい。本にならなくても原稿を書くこと、詩を作ること、随筆を書くこと、これも生産です。生産とすれば、生産のためのネタ、材料が必要です。

知的生産の材料とは何でしょうか。それはいうまでもなく情報です。情報を全然もたないで知的生産はできない。カントを読むこと、芝居を見ること、テレビを見ること、これもみな情報ですが、日本の管理社会の中においては、情報の多くはマスコミュニケーションによるものでしょう。

◇マスコミが事実と真実のすべてを報ずることはない

しかしマスコミだけで情報が確実で十分かというとそうではない。中国の華国鋒首相が日本に来たとき、どの新聞も首相はにこやかに笑みを浮かべて飛行機のタラップをおりてきたと書いた。しかし、あの炯々として人を殺しかねない鋭い眼つきはなぜか書かれていない。なるほど、中国と大いに仲良くしようという時期に、こう書いてはいかにもまずいかもしれない。しかし、このことひとつをとってみてもマスコミは駄目で不十分ですね。人間描写としては50点以下である。一般の人がマスコミから与えられている情報は現実の50点以下であるということです。

もっと露骨な例でいえば、田中角栄の金脈問題をどの新聞が書きましたか。『文芸春秋』が書くまで、どの大新聞社も書こうとしなかった。もちろん知っていたと思います。しかし、まず、小資本のところにやらせておいて、見極めがついてから、それに乗ろうという算段でしょう。政府と密接な関係をもっているNHK、資本の支配下にある民放もこういう情報は遠慮する。新聞にもテレビにものらないことがいっぱいある。

「世間のことなどどうでもいい。田中角栄がどうしようが、レーガンが大統領になろうが知ったことではない」

こういうとぼけた考えをもつ人がいるかもしれませんが、これは世捨人の立場であって現代の知的生産とは関係ありません。

知的生産をしようとする場合、特別の情報を持とうと努力しなければ、独創的な考えは出てきません。他人さまに聞いた話をくり返しているだけでは知的生産にはなりません。また数多くの情報を積み重ねるだけで知的創造ができるかというと、そんなこともない。独創的なアイデアがひらめくということには、少なくとも情報の交錯が必要です。別の言葉でいえば、この道一筋的に同じ種類の情報ばかりを積み重ねただけでは独創は絶対に生まれてこない。

◇湯川博士は老荘の研究にも打ちこんでいた

俳句だけを50年やってきましたというような人の俳句で、ろくなもののあったためしはない。50年俳句をやった人が、映画を研究してみたとか、冒険旅行をしてみたとか、そういう全く別の経験、情報が交錯するところにものが生まれる。情報の交錯、さらに望ましいことは、矛盾的諸情報の葛藤の中から、その矛盾を解消しようとして考えるところに独創が出てくるのです。

湯川秀樹君が中間子を発見したのも、中間子と物理のことばかり考えていたから出てきたのではありません。アインシュタインらの新理論を研究するいっぽう、老子や荘子を相当熱心に勉強していたことが役に立っているのではないかと思います。

知的生産ということは何らかのもつれあい、あるいは矛盾からでなければ出てこないと思います。

さらにいえば、おそらく独特な発想は独特な生活からしか生まれない。みんな同じ会社で、同じように新聞を読み、同じ店でいっしょに昼飯を食い、マージャンをする、これでは独創は出にくいのです。みんなと仲良くしているけれども、マージャンはつきあわない。しかし人づきあいの悪いヤツだと思わせない。マージャンはしないが、映画論ならいつでも徹底的につきあう。これくらいのことは必要でしょうね。ベストセラーと新聞だけを読んでいるところには、まず独創的な思想はできにくい。他人の読まない本を読む、徳川時代の本でもよいし、明治の本でもよい。アメリカの本でもよろしい。

サルトルを10回読んだからよいというようなものではありません。

◇ひょうたん鯰《なまず》でハナをあかした仏人類学者

レヴィ・ストロースというフランスの人類学者が日本に来ました。その人がひょうたん鯰について論文を書いて日本の民俗学者を驚かせたのです。日本の学者も鯰のことは昔から知っていました。だが大津絵という土俗的な芸術のひょうたん鯰の絵が人類学的にどういう意味をもっているかということは考えてみたこともなかった。おそらく日本の民俗学者はこれを読んでやられたと思ったことでしょう。ここには独創性がある。柳田先生は偉い人です。しかしその後をただ一筋に歩いているというのでは知的生産になりにくいということです。

友を選べ、という言葉があります。友を選ぶということは、普通の人が知っていないような情報を持っている人を友だちにするということではありませんか。たとえば文学の研究者なら文学者ばかりとつき合わないで、法律の専門家や株屋さんとも遊びなさいということです。株屋さんの情報で翌日株を買う、そんなことではありません。

スタンダールが旅行の仕方を書いている。乗合馬車で隣りあった人とおしゃべりをするとき、相手が八百屋なら野菜のことを、相手が弁護士なら最近の事件のことを、というふうに相手のいちばん得意なことを話題にする。そうするとよほどの変人でないかぎり喜んで話してくれる。それが最高の知識だというのです。こういうやり方、すごく有効です。

ただ、情報をもらったらその情報におけるプライバシーの問題があるから、新聞、雑誌に載ったことはかまわないが、人から聞いた極秘情報を右から左へでは軽薄です。情報の取り扱い方は慎重に考えなければいけません。

◇代入法

私の知的生産の方法の一つに代入法があります。例えば「およそ独裁者というものは民衆から出て民衆の信任を得たあとに、直ちに他国を侵略し版図を拡げて帝位をねらうものである」という文章があるとする。私が学生に指導したのは、この独裁者のところに人の名前を代入させるのです。ナポレオンなら合うが、ヒトラーでは合わないことがある。抽象名詞のところにいろいろ代入してみるのです。

ただし、その文章は評論家や学者、哲学者など、ともかく信頼できる人の書いた言葉でなければだめです。代入してみて、あまり合わないとすると、その命題の信頼度が低いということになります。私はこういう練習をしたから、いつでも実例が出せます。実例を出せないような命題をやたらに学びとっても役に立ちません。

◇言葉、コメントにだまされるな

言葉にだまされてはいけません。いつでも言葉より現実を尊重するようにしなければ知的生産にはなりません。

例えば、ネール首相の生きていたころ、日本の新聞はインドを「平和国家」といっていましたが、これはおかしいのです。国家予算の33％も軍事費に使っている国を平和国家というのは言葉の矛盾です。軍事国家といわなければならない。ネールさんがインドは平和国家だと宣伝するのは自由ですが、それに外国人が乗ってしまうなら阿呆ですね。阿呆は知的生産に適しません。

私は1カ月ほど、インドを歩いてインドが平和国家ではないことを確認しました。アジアで航空母艦を持っていたのはインドだけです。そしてこれを活字にしたのは日本人では私が初めてです。ネール首相が世界に向かって他国への軍隊の駐留をやめよと演説して大喝采を博したのですが、この時、インドはネパールとブータンに軍隊を駐屯させていたはずです。言葉だけを信用してはいけません。

◇権力者の夫人の原国籍を調べたらウラが見えた

アジアで軍人が権力を握っていない国はどこか、これがすぐに答えられないようでは軍事問題を論じる資格はありません。悲しいことですが、日本とインドとイスラエルぐらいなのです。アフリカも南米も同様です。それはなぜか。こういうことが解けなければ社会科学をやっている値打ちがない。

すぐには解けない。しかし、嘆かわしいといっているだけで解答を志さないようでは知的生産にならない。

もう一つ私が旅行していつも注意していたことは、開発途上国の権力者の夫人の原国籍を調べることです。李承晩《りしょうばん》夫人はアメリカ人だし、ケニヤのケニヤッタ夫人はイギリス人、ガーナのエンクルマ夫人は白人系エジプト人、モロッコとセネガルの主権者の奥さんはフランス人です。インド軍の元帥、大将にはイギリス人を夫人にしている人か多かった。ですからインドはまちがってもイギリスとは戦争ができない。こういうことに気がつかないと外国旅行をしても面白くない。

また、社会主義国にはナショナリズムがあるはずがないなどという公式を信じる人はもういなくなったはずです。ソ連や中国があそこまでなったのはナショナリズムのおかげだし、中国はマルクス主義によっているが、今や生産力至上主義国家だといってもいい。

つまり、人から与えられた言葉、権力者が言っており、マスコミに書かれている、そんな言葉に惑わされてはいけない。その言葉をうけとめて、現実と突き合わせてみればどういうことになるか、そこを考えなければならない。

◇毎日１回、同じ問題を考える習慣を

現実には嘆かわしい、醜悪な状況は多々ありますが、人間の偉さというのは、現実を正確に認識したうえで、これを超えて、いつまで理想を保持しうるかということにかかっていると思います。

フランスというと、自由、平等の祖国といわれますが、言論、思想の自由は日本より多いとはいえないし、国民の貧富の差は先進国中最大です（日本が最少）。いまいちばんどぎついナショナリズムで世界市場を席巻しようと頑張っているのがフランスです。海外輸出はすでに西ドイツを抜きました。その輸出品の最大のものが兵器です。自由、平等、友愛の祖国、小意気でお洒落なパリ娘、これがフランスだと思っていたら間違いです。

現実を正確にみること、困ったな、呆れたなと思うだけでなく、そこに問題を設定して、考えることによって頭に血が流れ頭も良くなるわけです。毎日、同じ問題を1回は考えること、一つの問題をいつでも考えていると、頭の訓練になると言われた先生もおられます。

■桑原武夫氏との一問一答

◇成就の要諦は「時」「所」「位」を得ること

質問者A　共同研究をうまく進める秘訣、またそのルールについて教えてください。

桑原　私たちの共同研究は私が中心になりましたが、もちろん私だけの業績ではなくて、参加したおおぜいの人の努力と献身によったものです。成功とみていただいたのは非常に光栄ですし、私も相当成功したと思っています。

熊沢蕃山（江戸時代の陽明学者／1619〜1691）という人が、事をなしとげるためには、「時」と「所」と「位」を得ることだというようなことを言っています。つまり、明治維新を文化文政の時代にやろうと思ってもできない。今の中国で反革命運動を起こそうと思っても難しい。「時」と「所」が合わないのです。「位」というのは、それをやろうとする人の主体の置き場所です。かりに会社を大改革しようとする、時期も熟している、場所もいい、しかし改革を発想してやる人が守衛さんでは難しい、専務とか企画部長ならできるかもしれない。そういうことがある。

私が共同研究をはじめたのは、戦後、１９４９年からです、その頃の日本はどこもかしこも焼け野原で、みんな力を合わせて新たに努力しなければ駄目だ、そういう盛りあがるような空気が国全体にあった。今のような、しらけムードではなかった。窮乏の中におけるオプティミズムというものがあった。個人の努力はもちろん必要であるけれど、社会全体に盛り上がりがあった。それが「所」ですね。

「位」といえば、私はそのころ45歳で、学部では私だけが教授でした。相当独断が許されていたし、私が協力を求めた他学部の教授は私より若いし、私の下には優秀な助教授や助手がそろっていた。日本の社会では年齢ということがやはり相当ものをいうのです。

ルールといえば平等、これはあたり前のことですが、これが難しいのです。大学というのは、職階制のあるところです。しかし、ひとたび共同研究室に入れば教授も助教授も大学院の学生も平等であるべきです。討論で助手が教授をやっつけてもよろしい。教授も負けたら参りましたといわねばならない。

しかし、いくら観念的に、さあ皆さん同じ研究者ですから平等でいきましょうと言ったって簡単にすぐいくわけのものではない。それを徹底させるには工夫がいります。それで、たとえば、「英語研究会」や「フランス語研究会」、「日本映画を見る会」などをつくり、それぞれ得意とする人を先生にしました。フランス語では私が先生でも英語では生徒です。「映画を見る会」では助手のほうが教授よりも知識がある。そういう会をやっていると、その時の気分が残っていますから、研究会でも自由に発言できる。

しかし、研究室内でのことを外に持ち出してはいけない。若い学者が年寄りの学者のミスを指摘してもいいけれども、部局を出たらそこでおしまいにする。酒場に行ってまで続けているのは馬鹿ですよ。私の取柄は人の気心が相当わかるほうだから、腹を立てているなと思ったら「まあ、まあ」ととりなす。これが成功の秘訣だと思います。

◇人使いのコツ

出来のいいキャップになるには、ほめるというような人使いのコツも必要ですね。

南極で初めて越冬をやった西堀栄三郎君は人使いのコツを知っている人です。彼はグループで山に登ると、キャンプに着いたとき、みんな疲れているだろうといってテントを張り、飯も炊いてしまう。

そのテントの張り方が実にしっかりしていて、炊けた飯が実にうまい。そして、翌日からはもう何もしない。三日もたって、君たちの炊いたのはまずいから、俺が上手に炊いてやろう、というのでは感じが悪い。最初に抑えてしまう。これが彼のコツですね。権力とか地位で抑えたらあかんのです。

しかし、今は、私どものときより共同研究の条件は悪くなっているようですね。研究費はむしろ増えているでしょうが、若い学者たちが自分自身の専門業績をつくりたがる。個人主義が強くなったのでしょうね。それに大学で教授、助教授などを採用するときに、業績の多いほうを評価して、共同研究をしていて、個人としての業績の数は少なくても、幅広い知識と知見をもっている人を必ずしも評価しない専門主義が強くなっているのではないでしょうか。

◇親の出る幕はせいぜい条件整備だけ

質問者B　私は3歳の子どもをもっていますが、子どもの独創を伸ばすためには親はどんな行動をしたらよいでしょうか。

桑原　子どもは本来、独創的なものです。絵をかかせても大人よりうまい。まだ十分社会化されていないから、独創性が発揮できるのです。それが二十すぎればただの人、ということになる。子どもをどうしたら賢くできるかというのは難しい問題ですね。親が神経質になったところで、子どもが独創的になるわけではない。ただ、人間の才能の可能性は生まれたときにおおよそ決まっています。それが十分開発されるかどうか、ここに大きな問題がある。

ニュートンほどの知能指数をもった人は当時、フランスにもドイツにもいたのですが、そこからはニュートン物理学は出てこなかった。彼の才能を育てた17世紀のイギリス社会こそ驚くべきだ、といった人がいるが、名言ですね。

今の日本の社会はどうかといいますと、普通の意味で幸福な人間、普通の意味で才能のある人間をつくるのには適しています。学校設備はいいし、教師もフランスなどよりはるかにいい。しかし独創的な人間を生み出すのに適当とは思えません。社会全体の生活水準が上がりすぎました。それもゆっくり上がればよかったのですが、わずか20年で急に上がったから、いわば潜水病になっている。そんな感じがしますね。

◇独創性を育てるのは親よりも社会

平等主義の立場からみればいいことなのですが、そのかわりエリートがいなくなってしまった。フランスやイギリスではエリートが民衆からものすごく切り離されている。しかし、その代わりエリートの責任みたいなものがあるんです。

現代日本はどうでしょうかね。日本の大学は良すぎます。居心地がよい。教授たちの仲間意識も強い。みんなで相互に守ろうという温情の世界です。だから独創的な仕事をしなくてもいじめられないかわりに、独創的な業績が評価されるということもない。

湯川秀樹君はノーベル賞をもらったが、月給においては一生かかっても桑原武夫をぬけなかった。なぜかというと、彼のほうが2年遅く大学をでたからです。これが日本の大学制度なのです。親がひとりでやきもきしても子どもは独創的になんかなりません。独創を尊重する社会にならないかぎり。

◇歴史的ハンデと学者間の競争不足

質問者C　このように優れた日本社会を建設した日本国民をもってして、なお人文系の学者のレベルが低いのはなぜでしょうか。ＯＥＣＤの調査によると、日本の社会学者は翻訳家くらいのレベルしかないといわれていますが。

桑原　世界の風はまだ西洋から東洋に流れています。世界中みな背広を着ている。べつに西洋諸国の圧力で着ているわけでなくて風潮です。国際的な場でシェイクスピアやボードレールは説明をしなくてもどこでもわかりますが、同じ大文学者でも芭蕉や杜甫はそうはいかない。説明をしなければわからない。これは不公正ですね。

しかし歴史は不公正なものなのです。これは次第に改めてゆかねばならないが、一挙にはいかないのです。自分の業績を英語かフランス語で発表する方向が必要でしょうね。すべてＯＥＣＤのいうとおりではありません。

私の知人でも、今西錦司君の進化論批判はそのうち英訳がでるはずです。梅棹忠夫君の『文明の生態史観』は十分世界に通用します。川喜田二郎君のチベットの民族学的研究は認められています。柳田國男は翻訳もあって、かなり知られています。歴史の不公正を踏まえたうえで、日本の学界の仕事を知らせる努力がまだ足りない。もっとやるべきですね。

学問とか芸術の世界は競争の世界なのですが、日本の大学では競争が不足しています。たとえば東大の教授のおよそ97パーセントから98パーセントは東大出身者です。京大の教授も90パーセント以上が京大出身者です。親分が温情主義で子分を引き上げるシステムで、競争ということが否定されている。ひとたび、教授の椅子につけば、勉強してもしなくてもボーナスは同じ、月給は年々上がっていきます。アメリカの大学のきびしい競争システムは嫌な点もありますが、日本の学界の平和的土壌から果たして独創的な学者が育っていくかどうか、これは大きな問題ですね。

◇人間は幸福である義務をもつ

質問者D　京都学派の人が人間らしくてユニークな理由は何ですか。

桑原　公式主義にとらわれずに、一種の自由があったということはいえましょう。

フランスのアランの言葉に、人間は幸福である義務をもつというのがあって、私はこれにひどく感銘を受けました。社会の不正とは戦わなければいけませんが、文句をいうのはやめよう、自分のことを愁嘆するのはやめよう、自分が生きてきたことを幸せだと思おう。そう思う義務がある、ということです。私はそう思ってきたのです。

そして、私たちのグループ（貝塚茂樹、今西錦司、西堀栄三郎君など）は、学問あるいは思想といったことだけでなく、一緒に山も登り、酒ものみ、本当のことを自由に話し合ってきた、その親愛感が作用している点もあるでしょうね。

〈知研セミナー名講義の再録／その２〉

西堀栄三郎
創造性とは非常識にやることなり

＊西堀栄三郎（にしぼりえいざぶろう／１９０３〜１９８９）化学者、登山家。第一次南極観測越冬隊長、日本山岳会第13代会長。

■西堀栄三郎氏との一問一答

◇連隊旗と玉音放送

——西堀栄三郎さんは、戦後日本がはじめて国際社会に仲間入りして南極を探検したときの越冬隊長として一躍有名になられましたね。私たち中年にとって、あのときは国威が発揚されるような思いがして、なつかしいお名前です。近くは１９７３年の世界第5の高峰ヤルンカン（８５０５ｍ）初登頂でも総指揮をとられましたね。すでに70歳を越しておられたわけですが、エネルギーの旺盛であることはまったくの驚きです。

西堀　実のところ、５３００ｍのベースキャンプにたどりついたときは、ほうほうのていでした。若い人たちはまさかここまで来れないと思っていたようでした。

もちろん、私は隊を代表しての存在ですから、必要はあるわけです。それならそれで、途中から帰ればよいじゃないか、年寄りがいったい何しに行くのかといわんばかりの若い隊員がいましたので、出発前に桑原武夫君はいいことをいってくれた。

「連隊旗と思って行け」

連隊旗は実戦にはクソの役にもたたん、邪魔になるばかりだと思うが、みんなの心を一つにまとめる中心として考えるようにしむけるはたらきがあるんですね。

登山中、若い人はこの言葉を忠実に守って、私に実によく親切にしてくれた。私のもっぱらの役目は隊員に勇気を与えることでした。中心になる隊員はさすがよい山男たちですが、ちと年をとって用心深くなりすぎて勇敢さに欠けるおそれがでてくるのではないかと思って、「いかなることがおこっても、全責任はこの俺がもつ。失敗するなどということを考えずに、思う存分やれ」とはっぱをかけるわけです。いよいよ登頂がはじまったころ、私のほうの通信機の故障で、向うから連絡がこなくなり、こちらからしかいかなくなった。一方通行となってしまった。それで「玉音放送だ」といわれました。

◇論理と直観

――西堀さんは「運」ということをいわれますが、探検家としていくつもの難関をこえられた体験から実感されるのでしょうか。

西堀　ものの認識方法にかかわる問題でもあるわけです。私は若いときからものごとを論理で考えるのが得意でした。物理学、数学は好きな学問で、論理で組みたてていくプロセスにたまらない魅力がありました。そのかわり、論理的に説明がつかなければどうしても行動できなかったのです。

今西錦司君は私と中学以来、非常に親しい間柄ですが、性格はまるっきりちがう。彼は私のスキーの一番弟子なんですが、私がどうしてもできなかったクリスチャニヤの技術を彼のほうが先にあっという間に覚えてしまった。

私は、スキーはどうして回るかというと、船の舵のような作用で回るというコーンフィルドという人の理論にしたがってやったから、簡単に理解できて回転できたのだが、クリスチャニヤはその理論だけでは説明がつかないから回転できない。今西君に聞くと、「こう、エィ、ムッという具合にやるんや」という答しか返ってこない。今西君は、物理学は大きらい、直観的に考えるのがすきだといったタイプで、私とは正反対なんです。直観でやっているから人に説明ができないんですね。

そのうち、『フィロソフィカル・マガジン』という理論物理学の学術雑誌にスキーが滑ったり回転したりすることの理論的説明が載っていました。私はその論文を勉強して、やっと理屈がわかった。途端にクリスチャニヤができるようになった。

この例は、人間には2つのタイプがあることを教えています。しかし、理論と直観は別物ではなく、認識の２つの方法なので、両方やれなければうそなんですね。

論理の特徴は若い人でも説明を聞いたり方程式に書いてもらったりすれば伝達がきくんですが、直観は人から伝達されない。自分の体験でわかっていく以外に方法はないんで、ある程度、年をとって修業を積んではじめて身についてくるんですね。

年寄りがリーダーになって山に行くのも、直観がはたらく可能性が多いからです。これは会社などの実社会でも同じです。直観が論理の限界を越してやってくれるんですね。

◇未来がわかるのは「虫のしらせ」だけ

西堀　論理は全部といってよいほど平均値の問題をあつかうのですが、実際はすべてバラついている。これは科学の実験でも同じで、そのような実験をすればそのような結果が出る確率が高いというにすぎない。

ここに理論主義と経験主義のくいちがいが出てくる。理論の伝える範囲は確率の域を出ないというところに問題があります。ある人が宝くじを1枚買って当てた。べつな人が100枚買って当たらなかった。当たらなかった人が宝くじ売りのおばさんに「何で当たらないのだ？　わしは100枚も買ったのだぞ」と文句をつけると、宝くじ売りのおばさんは、「運がありませんでしたなあ」と答えます。100枚買えば当たる確率は高くなるが、当たることとはちがうんですね。

かつて盛んだった未来学は石油ショックを予測できなくて一頓挫をきたした。未来学というものはその時点で確率論的にはいえるが、実際には運という要素が強い。不連続と心得るべきなんです。未来がわかるのは、いまのところ、「虫のしらせ」以外にないんですね。

――「虫のしらせ」を強力に起用する方法というものがありますか。

西堀　たいへんむずかしいですね。しかし、育てるバックグラウンドみたいなものはある。それはそれでいいじゃないかと思って理屈をもち出して否定しないこと。なんとなくそう思うことがあったら、打ち消さないでそう思っておけばいい。そっちに行ったほうがいいと直観がはたらいたとき、「まてよ、確率からいったらあっちのほうがいいんじゃないか」と考えない。直観のはたらくほうに行けばいい。このとき、確率論をもち出しては絶対にいけないんですね。

だからといって、直観がすべて正しいということにはならないんですからむずかしいのですが、いえることは、何か頭と身体を動かしてやっていることの中に、つぎの直観がはたらく状態が身体の中に育っているんですね。

たとえは、仕事に対する情熱が人一倍強い人はこういうことが現われやすくなる。隊員の誰かが頂上に登るまでは酒は一滴も飲みませんと誓って、テント生活中の3カ月がんばり、祈りつづけたのですね。もしテレパシーというものが学問的に完全に承認された場合は、実にたくさんのことが説明できるようになると思うのですが、はたして思うとおりになりますかね。

◇創造性とは非常識にやることとなり

―なぜ山に登るかと問われて、「そこに山があるからだ」と答えた有名な登山家の言葉がありますが、西堀さんの場合は?

西堀　それは私も一人の人間だからです。山が好きで好きでたまらんやつもおれば、あんな高いところに登ってなんの役にたつんだと考える人間もいる。要するに、個性の問題なのですね。

人間がみな平均的人間ばかりであるわけがないんで、人間こそバラツキの最たるものです。それは、生れつきのバラツキであろうと後天的なバラツキであろうと、大して重要でない。これを認めることが個性を尊重することになるんだな。

論理というものは、先にいったように、平均値しかあつかわないから、何かやろうとすると、平均値的なところで答を出して満足する。だから、画一的な問題がいっぱい出てくる。実はこれほど創造性の妨げになり、害毒を流しているものはないんです。

知的生産なんていうものはどうせバラツキの端っこのばかものばかりがやるのだが、このばかものがいなければ、創造性は発揮されないんです。

私は創造性を高めようとすればするほど、忘れっぽくなる。「創造性とは忘れることなり」なんだな。また「創造性とはウソをつくようなものなり」でもあるんだな。「正直」というのは、答は一つだが、ウソは無数の可能性の中から一つの最も有効性のあるものをさがし出す行為で、いかに上手にウソをつけるかはきわめて創造的なんじゃないのか。こういうと私はウソをつくことをすすめているように聞こえるが、あくまでも比喩として聞いてほしい。

常識というものは10人が10人とも同じような決まりきったことを考えることだ。しかし、創造性というものは多くの人が気のつかない、突拍子もない飛躍的なことを考えつくことであるから、他の一般の人々からみたら非常識な考えをもつ大ばかも見えるんです。しかし、世の中をよくしてゆくのはこの大ばかものなのに、創造的な考えというものはなかなか世に受け入れられないものです。

◇石橋を叩いては渡れない

――山頂に立つ人間を多くの隊員の中から選ぶとき、誰にするかはどのように決めるのですか。

西堀　体力、酸欠状態に耐える力、実はこれは年齢とは関係ないんです。若いからというだけで選ばない。どたん場での体力の強いか弱いかは、これまたはじめからわからない。直観で見抜くわけなんですね。

そのときの身体のコンディションも大きくものをいう。他の条件が同じ場合は、燃えるような執念の男を選ぶ。こういうやつが最後は最も強い。彼を選んだあと、誰と一緒に行きたいかを聞く。相棒は彼に選ばせます。

――『石橋を叩いては渡れない』という西堀さんのご本はたいへん評判になりましたが、この題名はどういう意味でしょうか。

西堀　何かやろうと決心する場合、前もって調査しますね。たいていの場合、やろうと決心する前に、調査をすればするほど、マイナス要因が眼についてこわくなります。そして、決心を鈍らせてしまう。そんなことならむしろ調査しないほうがよい。

よく、「知らぬが仏」というでしょう。知るから仏になれない。どうせ未来はわからないのだから、石橋を叩いてわかったような顔をするのは、論理的に「大丈夫だ」「いや、そうじゃない」と辻褄を合わせようとしているだけで、そのような考え方ではいつまでも何もできないんです。

石橋を渡っていったら裂目ができた。そのときは裂目を飛び越していけばいい。必ず臨機応変の措置というものができるはずです。

そのかわり、やると決心してからは徹底的に調査をするのです。私はいっさい調査をする必要はないとか、調査の結果、悪い目がでてもかまわず無茶苦茶、無鉄砲にやれといっているわけではない。決心してからの調査はいかにして失敗を防ぐかということであって、そのために必要な資料、情報は集められるだけ集めるのです。しかし、いかに徹底的に調査をしても思いもよらないことがあらわれてくる。このときになって臨機応変の処置をとるほかないのです。むしろ、「わざわいを転じて福となす」のです。

私は探検家としていつもこうしてきたし、どたん場をきりぬけてきた。私の体験からいっているんです。

第3章
真・知的生産の技術

八木哲郎
NPO法人 知的生産の技術研究会会長

梅棹忠夫の『文明の生態史観』

この論文は、昭和30年代初期に発表された、梅棹の象徴的な作品である。この説が当時の日本人を驚倒させたのは、まったく新しい考え方を述べたことによる。

概説：日本人は、自分たちの文化は東洋的で、アジア大陸の東の諸地域と共有し、それは古代からの歴史上、大陸の文化を辺境として受けたからであると考えてきた。しかし、これは系譜として素材の由来を語っているだけで、文化のデザインをどうつくってきたかという機能論からみたらまったくちがう見方をしなければならない。

世界史の歴史家であるトインビーは「日本は明治維新以来極めて熱心に、大量に西欧文化を受け入れてきた。東洋文化から西欧文化に改宗した改宗者である」と述べた。しかし、日本が取り入れたものは輸入可能な文明であり、機能的なデザインに属するものである。ただ単に西欧の真似をしたというのでなく、日本自身の内在的な課題の解決のために、自らの工夫を加え、手段として西欧の構造と技術をくみ上げ、近代化するためにそれが有利であったと考えたからである。

　こうして日本と西ヨーロッパはユーラシア大陸の両端に離れて存在しているが、文明化の面ではすこぶる似るようになった。これを並行進化と名付ける。

　ユーラシア大陸を楕円形に簡略化して表したものが図1である。

　楕円形の東の端が日本で、西の端が西ヨーロッパである。この2つの地域を第1地域と名づけ、それ以外のまんなか辺の地域を第2地域と名づける。楕

文明の生態史観（図1）

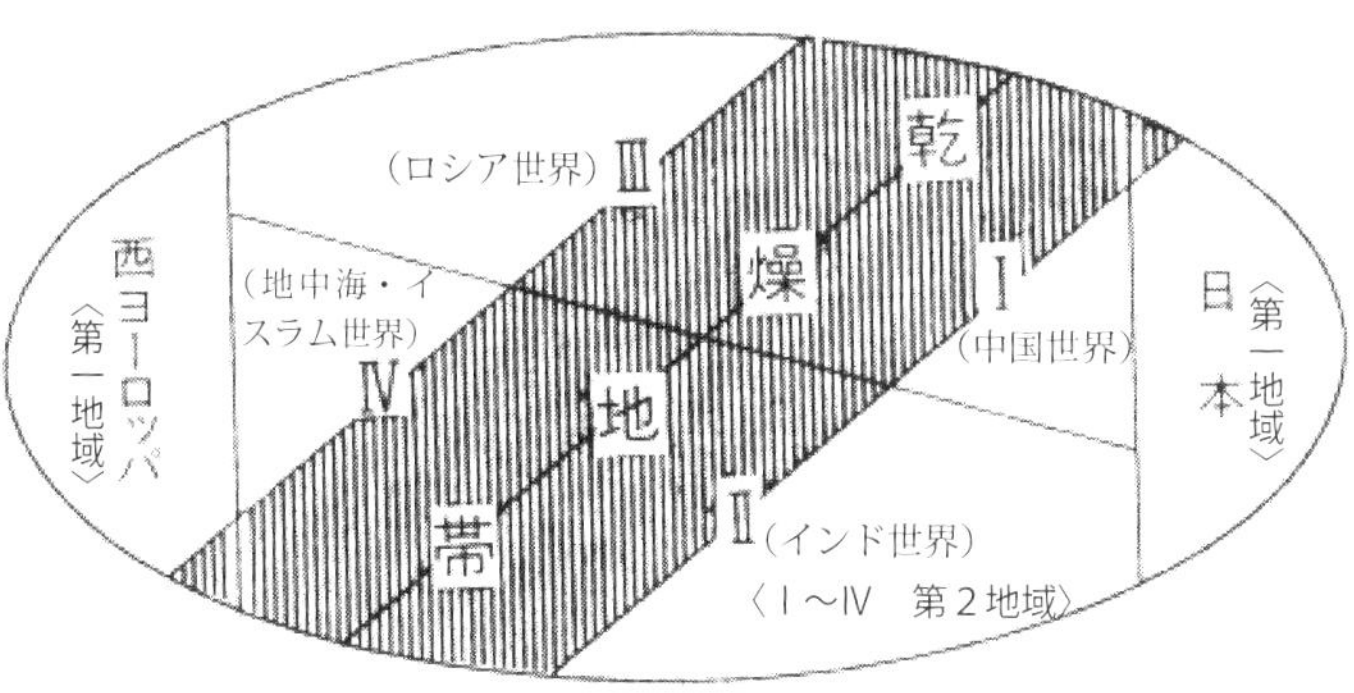

『文明の生態史観』梅棹忠夫著 より

円形の中間に北東から西南にかけて太い乾燥地帯の帯が走っている。黒く表現したところは砂漠地帯で生物はほとんど生育できない地域である。白い部分は草原地帯から耕作可能な地域である。日本よりの地域をⅠ、Ⅱ、西ヨーロッパ寄りの地域をⅢ、Ⅳとした。想像していただければわかるように、Ⅰは中国、Ⅱはインド、Ⅲはロシア、Ⅳはその他イスラム地域があてはまる。

第2地域は明らかに第1地域の日本、西欧諸国とは構造や成長の仕方が異なっている。梅棹忠夫のあげた両地域の特徴はざっと次のようになる。

第1地域：共にかつて帝国主義国家として植民地、半植民地を侵略した資本主義国家であり、ファシズム国家であった。過去には封建主義時代を経験し、それを革命によって清算した。社会は高度な文明生活で、巨大な工業力、膨大な交通通信網、完備した行政組織、教育制度、豊富な物資、発達した学問、芸術で彩られ、日本と西ヨーロッパがともにこのような状態に平行進化した。その核になったのは封建制度が養ったブルジョアである。日本では中級武士階級がブルジョアの役目をした。

宗教改革のような現象、中世における庶民宗教の成立、市民の出現、ギルドの形成、自由都市の発達というような共通の道のりを歩んできた。

第2地域：第2地域の国々は、第2次大戦以前は第1地域の国々の反植民地、あるいは植民地で、第2次大戦後、独立した。ここ30年間、おびただしい革命や改革を繰り返してきたが、資本主義体制は未成熟である。第1地域との違いは封建制がなく、独裁者体制であり、専制君主制であった。

ツァーのロシア、清朝、ムガール帝国、スルタンのトルコなど絢爛たる宮廷、広大な領土、腐敗、贅沢、暴力が通例である専制帝国では必ず簒奪者が生じ、破壊と征服、建設と破壊の繰り返しになり、蓄積、成熟という機会に達しない。強力な独裁者、指導者が必要でブルジョアは育たなかった。資本主義は育たず、社会主義、共産主義社会である場合が多い。

「進化」でなく「遷移」

つまり第1地域の国より数千年も長い歴史を有し、古代に絢爛たる文化を一時築いた第2地域の国の文明が発展して、第1地域になったという説はきわめて成り立ちにくい。

第1地域の国は、素材として文化をもらったということはいえるが、第2地域の機能論としての文明から生み出されたというのは信じがたい。

これには生物学の遷移という仮説が有効である。梅棹忠夫は生物学者としてこの説を採用した。

遷移とは何か

遷移（サクセッション）

自然は環境との条件において時間がたつと、まるで現象が変わってしまうことがある。沙漠に植物が生育しないのは雨が降らないからである。なぜ雨が降らないかは、海上で発生した水蒸気の塊である雲が吹き寄せられてきても、強烈な太陽熱で瞬時に蒸発してなくなってしまい、大陸の内部に達しないからである。しかし沙漠の外側がサバンナ地帯で草原になっているのは、時どき雨が降って草が生えるからである。そして海に近くなるにしたがって雨が多くなり、空気は湿潤になり、植物はよく成長し、灌木林、森林となる。

まず初めは、火山が吹き上げた溶岩だらけの地域に苔類が生える。苔類は空気中から栄養分を吸い取って生存している。やがて苔類が枯死して積み重なると、土壌ができる。土壊ができると草が生えてくる。草の中に灌木が成長する。木の種類もまちまちで雑木林となる。

さらに海に近くなると。雨が多くなり、土壌も豊かになり、木々は猛烈に成長し、大木になる。

こういう自然の変化を遷移といい、人間の文明にも同じような現象が現われる。トインビー式の考えだと、文明を一直線の発展と考え、源は同じで、行き着く先もだいたい同じと考える。第2地域の社会もやがて第1地域の社会に近づき、同じ終点を目指すと考える。

ところが実情はそのようにいっていない。

第2地域の人たちも第1地域の人たちと同じように「より良い暮らし」を求めているのであれば、だんだん第1地域と同じように進むと考えられるが、実際はそのようにいっていない。いろいろ障害や支障が多すぎるからだ。第2地域は、野菜や食糧の生産が少なく、災害が多いので、周辺から略奪してくるしかないからである。

第1地域に属する他の国々

　第1図を掲げたが、この地図は第1地域として日本、西ヨーロッパ、第2地域としてⅠ、Ⅱ、Ⅲ、Ⅳと区分けし、それぞれの番号内に入る国として、Ⅰは中国、Ⅱはインド、Ⅲはロシア、Ⅳはイスラム地域ということができるが、これだけでは大雑把すぎるのをまぬがれない。これ以外にアジアにはたくさんの国がある。ベトナム、カンボジア、ラオス、ミャンマー（ビルマ）、インドネシア、マレーシア、シンガポールなどである。これらの国はそれぞれ人種、宗教、文字、文化がはっきり違い、独立国で立派な国である。初歩的な工業もある程度発達している。

　これらの国はいったいどこに入るのか。これらの国は温暖で湿潤な森林のある国であり、日本に似ている。それで日本の南側に位置させた。一方、西ヨー

文明の生態史観（図2）

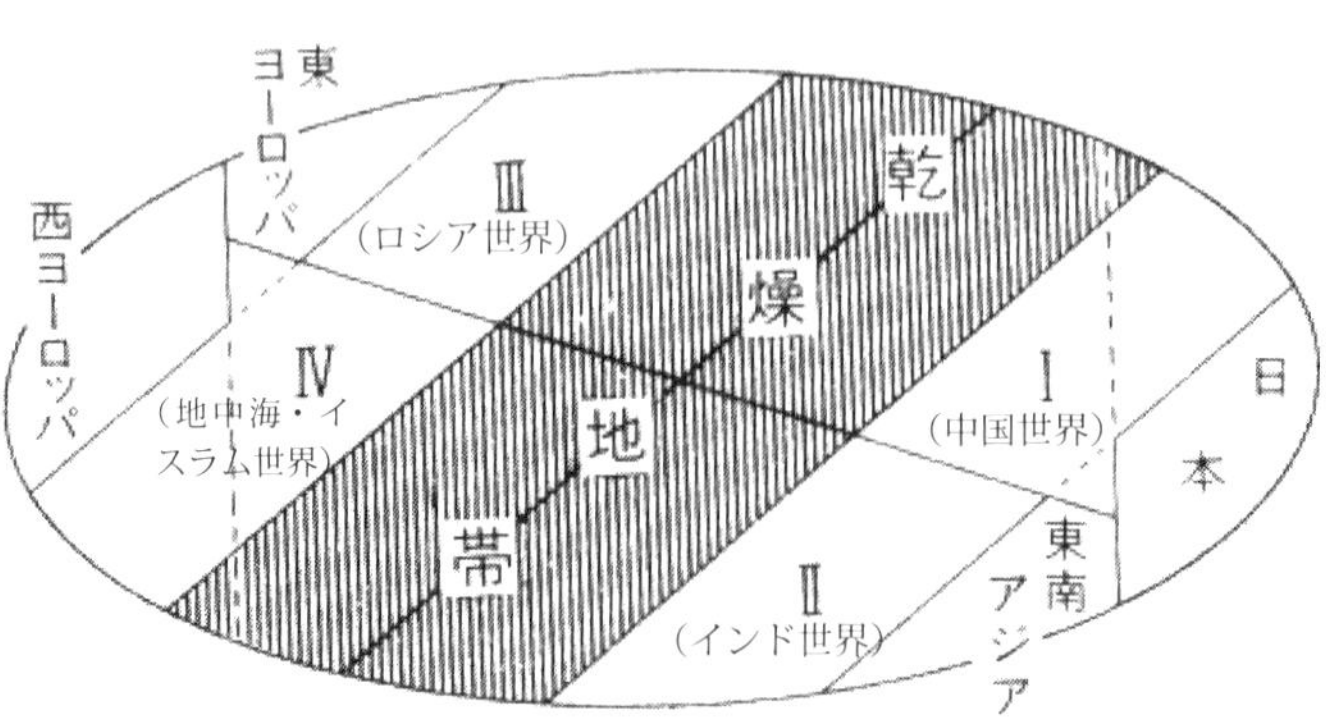

『文明の生態史観』梅棹忠夫著 より

ロッパの近縁にはチェコ、スロバキア、ハンガリー、ルーマニア、ブルガリア、セルビアやボスニア・ヘルツェゴビナなど旧ユーゴースラビア、アルバニアなどがあり、戦前はドイツの従属国だった国である。これらの国もそれぞれ独自の民族、文字、文化、制度をもった独立国である。これらの国を西ヨーロッパの北側に配置するとちょうど落ち着く。

第2地域の国は社会主義、共産主義の国が多いが、これらの国では第1地域のブルジョアがやった役割を政府が肩代わりしようとしているのではないか。そして工業を発達させ、資本主義的な要素を導入している。トインビー式の発想だと、歴史の発展法則は、直線的で同じルートをたどり、最終的には同じレベルに到着する見方をする先進と後進の違いがあるだけである。

この見方をすると、ロシア、インド、中国、イスラム地域の近代化が遅れたのは、すすみ方が諸事情によって障害をうけ、遅くなったからであるということになる。しかしこういう見方は間違いであって第1地域と第2地域はまったく構造が異なり発展の仕方も異なっているということを梅棹忠夫は主張した。

〈市民からみた梅棹忠夫〉

梅棹忠夫先生に私淑

岩瀬晴夫

私にとっての梅棹忠夫特別顧問（以後、梅棹さん）は、思考・行動の先達でした。直接教えを受けたわけではありません。でも、『知的生産の技術』をはじめとする著作（以下、本）が続々と発刊され、発信される内容に傾倒しつつ、本から学びながら変化している自分を自覚してきました。これが私淑だと、あとでわかりました。

1. 出会い

今から40年前、大学は学生運動真っ盛り。大学の門はロックアウトの連続で、大学を中退。そして工学知識のないまま、公共事業設計を業務とする建設コンサルタントの技術職に就きました。無謀な選択でしたが、それが可能な時代でした。

就職して「設計の発想とまとめ方」を知らず、あせりました。関連ありそうな『計画の科学―どこでもつかえるPERT・CPM』(講談社ブルーバックス／1965)、川喜田二郎『発想法』『続発想法』(中公新書／1967、1970)を読みながら考えていたところ、『続発想法』に細かな字の注記が載っており、【注(24)の梅棹著『知的生産の技術』(岩波新書／1969)】についての記述が目にとまりました。

「野外調査からKJ法活用以前の間において、データをいかに扱えばよいか、を説いたものとして傑作の書である」(P315～P316)と。

傑作という文字にひかれ、『知的生産の技術』を購入。1973年、私23歳。記念すべき梅棹さん(の本)との出会いでした。

2. 技術

『知的生産の技術』の「はじめに」に〝技術ぎらい〟という小項目があります。その内容は、技術が軽んじられる事情と技術の定義にかんするものです(P6～P8)。

前者の一部を転記します。

「研究者における技術ぎらい、あるいは技術軽視ということがあるのではないかと想像している。……技術的ということばは、しばしば枝葉末節とか表面的・非本質的という意味をふくめてもちいられる」

当時はそんなものか、と受けとめた記憶があります。現在は研究と技術の融合・交流をしかけるうえで、研究者の〝技術ぎらい〟が大きな障壁であると実感しています。

後者は技術の定義です。

「技術というものは、原則として没個性的である。だれでもが、順序をふんで練習してゆけば、かならず一定の水準に到達できる、という性質をもっている。それは、客観的かつ普遍的で、公開可能なものである」

技術マニュアルができる理由を、この定義から読みとりました。かつ、技術と技能の違いも、「客観的かつ普遍的で、公開可能なもの」かどうかで判別できると納得しました。いまでも技術のことで落ち込んだ時、〝技術ぎらい〟を読みかえし、気をとりなおしています。

本にかかれたスケッチや図から、技術に重きをおいていた心情がよくわかりますが、〝技術ぎらい〟というのは感情そのものの見出しです。洒脱な梅棹さんらしくないと思いませんか？　よほど〝技術ぎらい〟の研究者が癪《しゃく》にさわったのでしょうか。

3．自己をしる

梅棹さんの著書を数冊読みすすめた頃、小さな発見がありました。若気の至りというか、若いときの思い込みで、「私は梅棹さんに似ているのかもしれない」という発見です。デザイン（設計・さししめす）する人、形にする技術者思考に同質性を感じたようです。

30歳前の青臭い青年は、自分が何者かと悩むものです。私もそうでした。同質だとすると、梅棹さんを理解することイコール、自分が何者かを知ること、ではないか。そこで、梅棹さんにかこつけた、三つの疑問を想定しました。

①梅棹さんが知研と距離をとる（ように私が感じる）のはなぜだろう？
②梅棹さんが縁故関係を重視するのはなぜだろう？
③梅棹さんがほめる人って、どんな人なのだろう？

①梅棹さんが知研と距離をとる（ように私が感じる）のはなぜだろう？
距離をとっていると感じたのは、知研発足時に、梅棹さんの了解なしに知研という名称をつかったので気分を害した、という解釈もなりたちます。しかしそれは梅棹さんらしくない。そこで推量したのが、モノづくり（この場合は知研という勉強会の装置）のたいへ

んさを知っていたからだ、というものです。だから、八木さんが梅棹さんからいただいたアドバイスが、技術の開発と研究会という組織力の充実、そして機関誌を出しつづける、という継続に必要な3点セットだったのではないか。

梅棹さんは目的とするコト・モノの機能獲得を重視しているはずです。当初は海のものとも山のものともわからぬ知研を評価しようにもできません。知の技術普及はよいことだからといって、安易に同調する人でもなさそうです。以上の推測から、私には知研と距離をとっているようにみえたのでしょう。知研が着実に継続と機関紙発行の実績をあげると、梅棹さんは知研との距離感がなくなり、認知した姿勢に転換された、と私は現在受け止めています。

②梅棹さんが縁故関係を重視するのはなぜだろう?

梅棹さんの本を通じて感じていたのは、合理的な見方に徹した者の姿です。ところが梅棹研究室の秘書をされていた藤本ますみさんにかんして、「秘書は縁故で採用」という主張をどこかに書かれていました。私は混乱しました。若かった私は、縁故関係の採用は、不合理の極みとかんがえていたからです。なぜ縁故採用なのか。

私の出した結論は、「物事をわかっている者同士の内部でのやりとりは、何かを確実になす」という事実でした。学歴や職歴の書類と面接で人を評価することは限界があります。しかし、人を採用する際、採用する人と紹介する人同士が互いに物事をわかっていると限界レベルが下がります。人事の確実な方法は、関係する者同士が互いにわかっていることだった、と腑《ふ》におちたのです。ですから、物事をわかっていない親族や知人からの紹介はのらりくらりの対応となります。このことから、コネの合理的な仕組みをしりました。腑におちたとき、梅棹さんの合理性に一歩近づいたと思いました。

一種のオーラをもっている人（例えば梅棹さん）に、普通の人は安易に紹介しないものです。梅棹さんはこのことを自覚的に運用していたのかもしれませんね。

③梅棹さんがほめる人って、どんな人なのだろう？

私の経験則に、「その人を知るには、その人がほめる人をみよ！」というものがあります。梅棹さんの本の中に、人をほめた文章をさがすことは簡単ではありません。ようやく藤本達生さん（エスペランティスト、秘書の藤本ますみさんの夫らしい）と片寄俊秀さんをほめている文章を探しあてました。

片寄さんの『ブワナ・トシの歌　東アフリカの湖と村びとたち』（現代教養文庫、1976）を読んで、片寄さんがイメージでき、梅棹さんの好みがちょっぴり推察できました（勘違いかもしれませんが、それでもかまわないのです）。

縁は異なもの味なものです。1993年の夏、片寄さん（当時、長崎総合科学大学教授）と横浜の勉強会で偶然（いや必然かもしれません）出会いました。

片寄さんは、京都大学卒業後、大阪府技術職員になり、千里ニュータウンの実施設計をした人でした。技術者として意気投合。会話を通じて人柄がわかり、梅棹さんの人物評価基準の一端をしることができました。「人をほめて、その人を伸ばす」方法もあるでしょうが、ほめることに抵抗のある人もいます。私もその一人です。人は長所・短所のバランスでなりたっていますから、ほめることは恣意的になり、そこにうさんくささと計算高さを感じているからでしょうか。そのような私も、感じ入る人がいるものです。（たぶん）若者を好む梅棹さんにとって、感じ入った若人が、藤本さんや片寄さんだったのでしょう。いずれにしても、片寄さんは素敵でさわやかな人物でした。

4. 生態系

私は梅棹さんの本を身近に感じます。その理由を三つあげてみましょう。

一つは、本が製作・刊行された背景が、必ずといっていいほど本の前か後に記載されていて、記述内容の時空間を把握しつつ、読みはじめることができること。

二つめは、わかりやすい文章に意をくだいていること。関連文を『知的生産の技術』から転記します。

「一ぺん読んで、すっとわかる文章……わかりやすくすることに、心をもちいるべきであろう。……知的生産のための基礎技術としての文章は、ひとに感動をあたえるような、芸術的な文章ではない。ものごとと、思想とを、まちがいなく、わかりやすく、ひとに伝達できるような、機能的な文章なのである」（P２０７~P２１２）。

三つめは私の中の思考回路が、読書の履歴によって梅棹回路に同調できるようになったこと。

以上が抽出できた要因です。ここ20年間は、三つめがおおきいように感じています。

私は土木設計の業務から、40歳を境に、河川環境・生態系を主とした業務に方向を転換しました。この転換は意図したものでしたが、思いのほか自分の中に大撹乱をもたらしました。と同時に、生態系にかかわることで、梅棹さんをいままで以上に身近にかんじている実感があります。

梅棹忠夫編『生態学入門』（講談社学術文庫／１９７６）の文を転記します。

「……自分の仕事をふりかえってみると、けっきょくはすべてその根元は生態学に発しているのだとおもわざるをえない。人文科学の領域で仕事をすることにはなったが、わたしの研究は心理学でもないし、社会学的でもない。やはり生態学的なのである。……いろいろ学問的遍歴をかさねたようにみえるが、じつはわたしは、生態学の枠をあまりおおきくはこえなかったのではないかという気がする。……この文庫版をつくるにあたって、四半世紀前の仕事をよみかえしてみて、私の遍歴の原点はやはりこの辺にあったのだなあと、あらためて自己確認した次第である」（P17～P18）

仕事を通じて私なりに生態系なるものがみえ始めたとき、梅棹さんの思考枠組みであるバックボーンにふれることができたのだろう、と納得しています。

5. わかれ

私は一度だけ梅棹さんに会いました。知研のコアメンバーが国立博物館に梅棹顧問を訪問する機会があり、便乗したときのことです。八木会長が梅棹さんに私を紹介しようと、気をつかってくださいました。私は梅棹さんの仕事場の雰囲気をしるだけで十分でしたので会話することなく、遠巻きに姿を拝見して帰ってきました。著書を通じてしりえた先達の実像をしる必要はなく、逆に邪魔になると思っての行動でした。

梅棹さんは逝去されましたが、私にとっては重要ではありません。なぜなら、私の中ではこれからも先達として会話できる存在でありつづけるでしょうから。

梅棹さん（1920年生）と息子さん（長男エリオさん、1948年生／次男マヤオさん、1951年生）の年代関係は、私の父（1919年生）と私（1950年生）のそれとほとんど一緒です。このことが梅棹さんを身近にかんじる誘引かもしれませんが、よくわかりません。

確かな事は、梅棹さんの思考する技術者の面につよく感応しながら、知の履歴を30年以上重ねたことが、私の知のホームベースになった事実です。ここでの履歴とは『知的生産の技術』の末尾にかかれている〝しつけ（字をかくのをめんどうがらぬこと、など）〟です。

履歴の大切さをおもいしると同時に、この履歴が梅棹さんとの出会いを偶然から必然にかえてくれたと考えています。本文は独断にみちた独白ですが、これからも（本をつうじて）私淑できる幸運に感謝しながら、思考の独白をつづけていくでしょう。

小野恒

梅棹先生から影響を受けたこと

私が梅棹先生から影響を受けたことは、土木のエンジニアとしての情報整理の仕方です。私は１９７１（昭和46）年に弘前大学を卒業後、地図に足跡が残る土木工事の仕事がしたくて、鴻池組に入社しました。新人研修後、最初に配属された工事現場は、希望通りの高速道路建設工事現場でした。

工事現場は、新人でも現場監督ですから、まったく実務経験がなくても、協力業者や現場の作業員から、施工方法についての相談を受けて、すぐ方針を決め指示を出さなければ、工事が進みません。どうしたら的確な指示を出せるか、上司に相談をしようと思っても、誰もが忙しく働いていて、なかなかタイムリーに相談出来ません。結局は、自己判断で指示をしてしまうので、間違って指示する事も多く、やり直しをするのに支出するお金が発生していきます。やり直しコストは、アメリカでは請負金額の12％ともいわれています。

その主な原因としては、エラー（間違い）、オミッション（忘れた）、チェンジ（変更）の三つです。これらを改善するためには、現場の情報整理、つまり現場での失敗事例をまとめて、誰もが使える事例集が必要ではないかと考えました。

いままで失敗は恥ずかしいことだと現場の皆が思い、そういった事例は隠して、自発的に会社に報告することや、後輩に伝えることはありませんでした。工事報告書は成功体験のみで、すべての工事が何の問題もなく、竣工したように書かれていますが、どんな工事現場も何らかの失敗を経験しているのが現実の姿だと確信し、まずは自分の担当した現場の事例をまとめることを考えました。

失敗した理由、手直しにかかった日数及び金額及び反省点等を、ノートに書きとめました。自分一人が携わっているのは狭い分野なので、若手の同僚や機械屋・電気屋の人たちにもお願いしたところ、私と同じように実際の記録を残したいと思っている人も多かったので、勤務時間外に皆で密かに報告書をとりまとめました。その報告書は、工種ごとに実際にかかった金額、購入した資材、機械製品、電気製品の金額、苦労話、失敗例を記載した「工事報告書」です。

失敗事例を社内外に公表することは問題があると考え、その現場に携わった人たちだけの内部資料としました。

いくつかの現場生活をおくっているときに、日経新聞のコラムに「知的生産の技術研究会」の記事を見つけ、会長の八木さんに電話して入会させていただきました。毎月の講演会を聞くうちに、私がやっている情報整理の方法は間違っていないと思い、それをまとめて本にする事も可能だと確信できるようになりました。

高速道路工事、橋梁工事、トンネル工事等を経験して現場所長になり、本格的に失敗を主にした本を執筆しようと思っていた矢先に、突然、インドネシア・ジャカルタ勤務を命ぜられ、トンネル工事の技術者として赴任しました。

現地では、技術情報はすべて幹部職員のみが握っていて、その情報を末端の技術者たちに教えようとしません。なぜなら、どんな技術情報でもすべてお金になるからです。そこで私が考えたことは、トンネルは私が、専門外の技術は同僚の技術者に頼んで、技術資料を作成することでした。

まず工事の工程ごとに写真を撮り、それに解説と注意点を記述して図も多く入れて、誰にでもわかりやすい教則本を作成しました。それは私たちが英語で原文を書いて、それをパートナーの技術者にインドネシア語に翻訳してもらう方法でした。その本は、末端の技術者たちにこっそり配布して、幹部にはあえて配布しませんでした。のちに「いままで多くの日本人技術者が来たが、末端の技術者に現地語のわかりやすい教則本を配布してくれたのは初めての経験で感謝しています」といわれました。

5年余りの海外駐在員生活を終えて日本に帰国してから、少し仕事に余裕ができたので懸案の失敗体験を主にした本を作成したいと出版社にコンタクトをとってみました。出版社もそういったテーマの著者を探していたようで、本より先にビデオを作成したいので、企画から製作までの監修をお願いしたいとの依頼があり、1年余りかけて7本のビデオ「建設業現場代理人講座土木工事の施工計画と施工管理」（山海堂・日本コンサルタントグループ）を作成しました。その販売実績が予想以上に良かったので、本の出版につながり、『土木工事現場の上手な運営法』（2000年、山海堂）として発行。読売新聞や日経コンストラクションに紹介されたこともあって、何と3刷までいきました。

一介の土木技術者に過ぎない私が、幼い頃からの夢であったビデオや本の制作ができたのは、よくよく考えて見ると梅棹先生から情報整理の方法を学んだからだと思い、感謝しております。

梅棹忠夫との二度の出会い

加藤仁一

1．最初は著書との出会い

出会いとは、人、それぞれの人生に大きな影響を与えるときがある。

私の場合は今から25年ぐらい前、本屋で見つけた1冊の本であった。それは『実践マニュアル知的生産の技術』という、知研が１９８５年に発行した本から始まる。このときはまだ「知的生産の技術」という言葉に惹かれただけであった。

最後のページをみたとき、知研東京で「ＫＪ法」の講習会を合宿で行なうという募集が目に留まった。「ＫＪ法」の意味もわからず、「知的生産の技術」という憧れだけで東京に出かけることにした。この頃は仕事の厳しさから挫折感を味わいながらも一筋の光が見え始め、新しい可能性を探していたときと偶然に重なった。

日高市の笹崎牧場のそばの会場で、初めて当時の八木会長と久恒代表幹事にお会いし、会の創設の経緯が梅棹先生の著書『知的生産の技術』ということを知り、最初の出会いは「知的生産の技術」研究会を経由した、梅棹先生の著書ということになる。

講習会ではテーマごとに、グループに別れ「ＫＪ法」を使い、テーマにあった短文を具体的な言葉でラベルに書き、関連するラベルをグルーピングしてユニークな見出しをつけながら「図解」という形で一枚の大きな紙に書き出した。このとき、久恒代表幹事は見出しを書くとき、ユニークな言葉で的確な表現を使うと、文章が生き生きとしてくると解説された。

講習会のまとめとしてテーマに沿って文章化する作業をした。最後はその成果を皆の前で発表するスケジュールであった。発表結果の印象は仕事がコンピュータ関係の技術系で文章を書くのがどちらかといえば苦手な私にとっては驚きであり、「知的生産の技術」がどういうことか、なんとなくわかったような気がしたことが成果であった。

翌日は会員の笹崎さん一家が経営する笹崎牧場でバーベキュー大会が行われ、終了後、そこで散会した。

この合宿が、強烈な「知的生産の技術」との出会いであった。この講習会には知研東海の初代支部長の故油木氏も参加されていたことがあとでわかった。それぐらい、当時の20

代から30代に「知的生産の技術」ということで「憧れと夢」を抱かせた1冊の著書であったと思う。

2．2度めは梅棹先生との直接の出会い

２度めの出会いは梅棹先生に直に会えたことである。２００３年11月23日（日）に行なわれた、知研関西と日本ローマ字会の合同セミナーのときである。場所は阪急千里線山田駅近くの「健康の森」で行なわれ、講師は梅棹特別顧問、久恒教授が聞き手になっての対談である。テーマは「近代日本文明の形成と発展」であった。

講演は私にとって、新しい発見があり有意義であった。途中から聞いたので全体はわからないが、三つの興味が持てることを伺った。

（1）「楽しいホラロジィー（歴史にもしもがあったら）」
（2）「今までは地球の緯度の視点、これからは経度の視点」
（3）「中級国家のＡＢＣ連合」

という話であった。最初は何のことやらと思ったが、話を聞いていくうちになるほどと思えてくるから不思議である。梅棹理論は支持者も多く人気もあるが、反面、批判者も多い

と当の本人が言っておられたから間違いはないであろう。
そのとき、理解した範囲で説明すれば、
(1) もしも鎖国がなかったら、その時代、日本人はもっと海外に進出していったであろう。歴史学者からは痛烈な批判を受けますが。
(2) 日本とヨーロッパはよく似ている。17世紀にドイツ人が日本、中国、インドを旅行した見聞録には日本のことはあまり書いていなくて、中国、インドのことはたくさん書かれている。つまり、その当時もドイツと日本の体制はよく似ていたため、書かなかったという話であった。日本とヨーロッパは大きな変革もなく(中国、インドなどは外部の民族支配の時代があった)、順当に遷移したので似通った発展をするという理論である。生物の進化に似ていると伺った。私はこのとき日本の皇室と英国の王室が親しいことで理解した。緯度が同じ場所は似通った環境になり、競争も激しくなる。だから、これからは経度の視点が必要とのこと。
(3) 日本は中国、インドのような大国にはなれず、これからは中級国になる。そこで日本に好意をもつ、A(オーストラリア)、B(ブラジル)、C(カナダ)で連合すればよい。(経度の視点)。ところでブラジルは大西洋側であるが、アンデス山脈にトンネルを掘ればいいとのこと。

梅棹理論のユニークさを垣間見た。楽しいホラロジィーである。だが、この理論を実践している企業がある。オーストラリアへ出かけて植林している企業や経度を意識した事業を計画している企業もある。政治体制や治安のことを考えて、太平洋を挟んだ経度の視点は話を聞いて注目されると想像した。

講演後、久恒教授や知研関西の会員と千里中央で飲んで散会した。

余談であるが、18時30分に地下鉄に乗って安く帰ろうと普通チケットを買って、19時20分ごろ近鉄布施駅まで来た。乗り継ぎで帰れるか、特急に乗り換えるかのぎりぎりの時間であったが、この日最後の特急券を買った。この決断を間違えていたら、途中の駅で野宿する羽目になっていたのでラッキーであった。このようなラッキーというか、運のよさは以後の「知的生産の技術」という実践で遺憾なく発揮できた。

3.「知的生産の技術」の実践に向けて

そのひとつが愛知万博の市民プロジェクトにおける市民参加で、対話劇場での講演や展示スペースでのプレゼンテーションの機会を得たことである。

市民プロジェクトの企画段階で梅棹先生の教えの流れを組む知研で学んだ「KJ法」や「プレゼンテーション」に会員の構成から高い評価を受けたことが印象に残った。

このような段階にいたるまでには著書『知的生産の技術』から学ぼうとした「カードによる知識の整理」、「メモ術」や「ノート活用術」などは残念ながら挫折であった。

しかし、その中でも「記録する」ということだけは自分の性にあったのか、コンピュータを使って、新しい記録する形として「ホームページ」「ブログ」で続けることができた。この「記録する」技術では現在も、現代版「実践的知的生産の技術」として、映像による記録の作成やファンドレイジングイベントで一般向けプレゼンテーションに活用している。

あとがき

１９６９年に刊行された梅棹忠夫『知的生産の技術』に触発されて、八木哲郎が１９７０年に設立した「知的生産の技術」研究会（知研）は、市民の勉強会として、のちにはＮＰＯ法人として、数多くのセミナーの実施、書籍の刊行、著者の育成などを行なってまいりました。梅棹先生には会の顧問をお引き受けいただき、私自身、何度も大阪の国立民族学博物館を訪問し、先生の謦咳に接する機会を得たことは実に得難い幸運でした。

１９９０年に梅棹先生が亡くなったとき、知研は機関誌「知研フォーラム」で、梅棹先生の追悼特集を組みました。このとき多くの会員から梅棹先生に影響を受けたことを記された文章が寄せられました。この中から、初期からの会員である北海道の岩瀬晴夫、東京の小野恒、名古屋の加藤仁一という３人の方のエッセイをこの本には載せております。また、八木哲郎会長には、梅棹先生の代表作のひとつである『文明の生態史観』の解説を書いていただきました。

２０２０年に知研は創立50周年を迎えます。そしてこの年は梅棹先生の生誕１００周年にもあたります。同年10月17日には「創立50周年記念フォーラム」を国立民族学博物館と協力して行なう計画もあります。現在、創立50周年に向けて知研は、組織の再整備を行なっている途上です。活発に活動中の関西、岡山に続き、沖縄、九州、東北、宮島などの地域知研が一昨年、昨年と立ち上がり、今年は北海道においても設立の準備が進んでいます。2020年には「新生知研」のくっきりした姿がみえるようにしたいと考えております。

この『新・深・真　知的生産の技術』は毎年継続して発刊を予定しており、セミナーもそこへ向けてテーマと講師を選んでいくことになります。

梅棹忠夫先生の功績の広さと深さはいうまでもありませんが、忘れてならないのは市民に熱烈なファンが多いことです。私たちは情報産業の時代の中で、市民のキャリアと人生に大きく、深い影響を与え続けてきた梅棹先生の考えを進化させていくことを使命として、今後も全国の仲間とともに励んでいきたいと思っています。

2019年2月吉日

久恒　啓一

NPO法人知的生産の技術研究会

NPO法人知的生産の技術研究会
〒183-0014 東京都府中市是政5－12－5
TEL 042-363-3445／FAX 042-365-5744
URL http://www.tiken.org
Mail tiken.org@nifty.com、hqh01056@nifty.com

人生百年時代を迎え撃つ「知の再武装」を！

NPO法人知的生産の技術研究会
理事長　久恒啓一

「知的生産の技術」研究会（知研）は、1969 年に発刊された名著・梅棹忠夫『知的生産の技術』（岩波新書）に触発されて、梅棹先生を顧問に東京オリンピックから数年を経た 1970 年に創設されました。そして二度目の東京オリンピックが開催される 2020 年には創立 50 周年を迎えます。

この間、70 年代から始まる高度成長と日本の最盛期の 20 年と、バブル崩壊後の失われた 25 年の間に市民に向けて開催したセミナーは、約 800 回を数えています。評論家、学者、マーケッター、探検家、ジャーナリスト、作家、ノンフィクション作家、編集者、都市プランナー、経営者、弁護士、発明家、ビジネスマン、コラムニスト、教育者、官僚、冒険家、、など各分野の第一線で活躍する人物たちの知的生産とその技術を、学んできました。その成果は多くの出版物となって、多数の市民を励ましてきました。

超高齢化時代を迎えつつある現在の日本は、80 歳以上は 1000 万人を越え、100 歳を越える人も 7 万人を数えています。この異次元の高齢化は、2050 年を迎える頃には 80 歳以上は 1600 万人、100 歳以上は 53 万人と予測されています。
55 歳から 34 年かけて世界最大の著作『近世日本国民史』100 巻を書いた徳富蘇峰は「世に千載の世なく、人に百年の寿命なし」と言いましたが、今や私たちはまさに百年の寿命を手に入れようとしています。

今から迎える「人生百年時代」を迎え撃つには、老若男女を問わず、個人個人がしっかりした人生観を磨きあげなければ人類が初めて手に入れるこの膨大な時間に対処できるものではありません。これからは、生涯をかけて研究するテーマがこれまで以上に必要になります。

想像を絶する異次元の高齢社会の主役となる私たちには、改めて知の武装が必要な時代となりました。生涯学習、ライフワーク、志、、、、という言葉が今ほど切実になった時代はありません。

人生百年を迎え撃つために、「知の再武装」をともに目指しましょう！

「朝に道を聞けば、夕べに死すとも可なり」

NPO法人知的生産の技術研究会
会長　八木哲郎

求道者は朝、一生の間求めていた問いがわかったとき、うれしくて夕方死んでもよい、という孔子の言葉ですが、知をもとめる人にも言えることわざです。

私たちは、なぜもっと広く知りたい、深く知りたい、学べば学ぶほどさらに知りたいと思うのでしょうか。

これは人間の本性だからです。

世に天才といわれる人は、真実を深く知った人だと思います。このレベルに達するとある本質をつかんでいますから、世の中をかなり遠くまで見通すことができ、時の権力の誘導とか、世の大勢とかに迷わされることはありません。ましてや、マスコミの報道や広告宣伝のたぐいにのせられるなどということはありません。

何といって楽しいことは、仲間たち、あるいは初めて会う人たちと鍋をつつきながら、楽しいお酒をたしなみながら、語り合うことではないでしょうか。こういう語り合いからより深く物事を知る喜びがあります。

全国の会員が、どこでもここでも互いに訪問しあい、あたらしい地域を発見し、地元の方から学びあうという体制を新しい知研はつくろうとしています。

知的生産の技術研究会で勉強するのは、何のためですか？

それは「肝腎なこと」「大事なこと」を雑知識の中から早くつかむことです。そのためにはたくさんの本を読む、聡明な人、何かをもっている人から話を聞く、実地に経験する、深く考える、などいろいろ方法があります。

知的生産の技術研究会は1970年に発足し、46年間、一家言をもつ方々の意見をいろいろ収録してきました。このほとんどがホームページに収録されているので、これを読むと人間の考える幅というものがわかります。

人生の前前段、前段では、進学するのに受験勉強をする、サラリーマンになれば出世するために資格をとったり、ビジネスキャリアを積む。しかしこの段階は自己中心的、自分本位です。しかし、45才を越えたら、定年退職したら、こういう段階からベクトルを公的な方向にきりかえ、世のため、人のために自分の知識、経験を役立てねばならないのではないでしょうか。

知研はそのための交流の場になるのが理想です。それが知研46年の経験でたどりついた結論です。

知的生産の技術研究会講演記録
（1970～2018）

開催年	講師「セミナー名」
1970	さいとうきょうぞう（カナモジ会）「ヨーロッパの作家とタイプライター」
	多湖　輝（心理学者）「企画力・頭のつかい方・働かせ方」
	前園主計（日本生産性本部）「読書の技術」
1971	中山正和（NM法創始者）「考える技術」
	藤川正信（情報評論家）「情報のさがし方」
	扇谷正造（評論家）「表現の技術」
	三沢　仁（産業能率短大教授）：「ファイリングの技術」
	小林一作（情報科学研究所）「情報システムのつくり方」
	片方善治（情報評議家）「創造開発の技術」
	鶴巻敏夫（経営評論家）「知的生産の源泉」
1972	時野谷浩（東海大学教授）「カードのつかい方、私はこうしている」
	かいきよみち（情報評論家）「情報整理の仕方」
	谷脇規成（創造工学研究所）「開発の技法・NM法について」
	永崎一則（言論科学研究所）「人間関係と話し方」
	糸川英夫（組織工学研究所）「未来を開くシステムエンジニアリング」
	河原　淳（イラストレイター）「私の取材と情報整理」
	時野谷浩（東海大学教授「忙しい人のためのカードによる情報整理術」
	石田民雄（長瀬産業）「音声情報活用の仕方」
1973	紀田順一郎（情報評論家）「書物・情報・読書」
	岩崎隆治（情報評論家）「問題解決の技法KJ法について」
	遠藤　昭（情報評論家）「知的生産のための機器利用法」
	杉森久英（作家）「事業成功者における人間の研究」
	青地　晨（ノンフィクション作家）「大宅壮一の評論活動とその手法」・
	宮川達夫（富士通）「危機の時代・コンピュータによる未来予測」
	中山正和（創造工学研究所）「禅の工学的研究」
	弟子丸泰仙（ヨーロッパ禅研究会）「ヨーロッパにおける禅」
	西堀栄三郎（探検家・科学者）「探検と情報」
	黛　治夫（軍事評論家）「海戦のゲームについて」
	亀山　耀（組織工学研究所）「社会環境の変化とシステム法」
	読売新聞見学会（読売新聞資料部）「新聞社における情報整理の実際」
	羽仁五郎（歴史学者）「都市の論理について・私の情報整理」
	扇谷正造（評論家）「文章表現の技術」
	片方善治（システム研究センター）「ZK法について」
	金村　繁（国会図書館）「図書館の効果的利用法」
	板坂　元（ハーバード大学・国文学者）「考える技術・書く技術」
	紀田順一郎（情報評論家）「情報とは何か」
	岩崎隆治（情報評論家）「KJ法演習」（以後通算12回実施）
1974	鈴木幸夫（日本経済新聞社論説委員）「経済の見方、考え方」
	小中陽太郎（作家）「現代マスコミの状況について」
	西丸震也（農林省食糧総合研究所）「世界の食糧事情・今後どうなるか」
	中山正和（創造工学研究所）「禅・悟りの構造を解明する」
	松平康隆「男子バレーを世界最強に育て上げるまで」
	見田宗介（東京大学教授）「日本人の心情と論理」
	渡辺　茂（東京大学教授）「学際思考のすすめ」
	立花　隆（評論家）「エコロジー的発想のすすめ」
	今井　正（映画監督）「私の映画づくり」
	亀山　耀（組織工学研究所）「情緒産業について」
	俵孝太郎（ジャーナリスト）「私の政治家像」
	浜野安宏（浜野商品研究所長）「私の発想法」
	川勝　久（情報評論家）「情報道場」
	天野祐吉（マーケッター）「コンセプト作法」
1975	岡本太郎（画家）「私の芸術論」
	岡村昭彦（国際ジャーナリスト）「私の決定的瞬間」
	飯塚昭男（経済ジャーナリスト）「私の情報学」
	立花　隆（評論家）「私の問題追求の技術」
	外山滋比古（お茶の水大学教授）「ライフワークについて」
	竹内　均（東京大学教授・地球物理学）「全地球的発想へ」
	小室直樹（政治学者）「経済学と現実の間」
	蘆原英了（音楽評論家）「私の評論活動と情報整理」

知的生産の技術研究会講演記録
（1970～2018）

開催年	講師「セミナー名」
	三神良三(評論家)「曲線思考的価値観について」
	高瀬広居(評論家)「仏教思想のアクチャリティについて」.
	三原竜介(心理トレーナー)「人間能力開発法」
1976	森　恭三(朝日新聞論説主幹)「私の歩んだ道」
	深田祐介(作家)「タテメシの社会・ヨコメシの社会」
	国弘正雄(評論家)「語学における国際文化論」
	緒方良彦(情報評論家)「新聞情報のつかい方」
	青地　晨(ノンフィクション作家)「新聞をどう読むか」
	ばばこういち(ジャーナリスト)「私の人物取材法」
	松本道弘(デベート道場)「対話能力を高める法」
	村上　薫(軍事評論家)「戦争における発想の転換」
	時野谷浩(東海大学教授)「私の実践的コンピュータ体験術」
	谷脇規成(情報評論家)「NM法演習実施」(以後2回実施)
1977	渡部昇一(上智大学教授)「知的能力再開発のための提言」
	加藤秀俊(学習院大学教授)「情報の収集・選択・取材の方法」
	平塚八兵衛(元警視庁刑事)「私の犯罪捜査法」
	山本七平(評論家)「東西の思想のちがいについて」
	佃　実夫(情報評論家)「私の文献探索法」
	小谷正一「(評論家)「私の発想法」
	堺屋太一(作家)「私の仕事と発想」
	川添　登(都市計画家)「都市からの発想」
	福田豊士(俳優)「私のドキュメント映画づくりのすべて」
	中山正和(NM法)「工学禅研究」
	亀山　耀(組織工学研究所)「システム法演習」(以後3回実施)
1978	竹村健一(ジャーナリスト)「人間能力の開発について」
	西川　潤(社会学)「論文の読み方、書き方」
	松本道弘(英語・ディベート道場)「知的対決のためのディベート」
	大岡　信(詩人・文学者)「私の文章作法」
	大和勇三(評論家)「私の人材論」
	井上富雄(評論家)「ライフワークのための能力開発法」.
	佐藤泰正、(筑波大学教授)「速読法」
	熊井　啓(映画作家)「私の映画作法」
	後藤和彦(情報評論家)「多重放送時代のテレビ活用法」
	渡部昇一(上智大学教授)知的生活の方法・その後英国で考えたこと」
	小室直樹(政治学者)「現代理論経済学演習
	中村元一(経済学者)「80年代の企業戦略」
	長尾　晃(話し方トレーナー)「話し方演習」(以後4回実施)
	朝日新聞資料室「朝日新聞見学会」
1979	加藤秀俊(学習院大学教授)「体験的情報取材学」
	竹内　宏(経済学者)「私の日本経済のつかみ方」
	荻　昌朗(NHK)「耳学問の方法」
	今西錦司(生物学者)「私の認識の方法」
	糸川英夫(組織工学研究所)「私の能力開発」
	森　政宏(東京工業大学教授)「自在のこころ」
	野口三千三(東京芸術大学教授)「知的生産と体力」
	吉田夏彦(東京工業大学教授)「哲学と知的生産の間」
	高島　陽(評論家)「新処世術」
	加藤　寛(経済学者)「高齢化社会とこれからの日本社会」
	水田　洋(名古屋大学教授)「知の周辺」
1980	外山滋比彦(お茶の水大学教授)「読むことについて」
	樋口清之(歴史学者)「歴史に学ぶ」
	羽仁五郎(歴史学者)「教育の論理」
	木村利人(バーバート大)＆岡村昭彦(ジャーナリスト)「バイオエシックスについて」
	中川八洋(政治学者)「北条泰時とジェファーソン」
	唐津　一(経営評論家)「私の情報活用法」
	桑原武夫(仏文学者)「わたしの知的生産」
	永田　清(三菱総合研究所)「日米の情報ギャップ」
	小田島弘(リコー)「わたしの知的武芸一八般」
	中川八洋(政治学者)＆小室直樹(政治学者)「日本は超先進国か」

知的生産の技術研究会講演記録
（1970〜2018）

開催年	講師「セミナー名」
	中野美代子（北海道大学教授・中国文学者）「中国人の思考方法」
	岡村昭彦（国際ジャーナリスト）＆本城靖久（評論家）国際感覚とは何か」
	山口昌男（東京外語大教授）「記号論とは何か」
1981	小中陽太郎＆槙田康夫「物を書く力をつけよう」part1
	長谷川慶太郎（国際ジャーナリスト）「現場からつかんだ経済学」
	鎌田慧＆吉岡忍（ノンフィクション作家）「物を書く力をつけよう」part2
	飯田経夫（経済学者）「経済を見る目」
	堀江謙一（ヨットマン）「どうして海を渡るか」
	杉田繁治（国立民族学博物館教授）「技術進化の構造について」
	村松増美（サイマルアカデミー社長）＆松本道弘（英語学）「英語に強くなる法」
	井上ひさし（作家）「これからの文化と才能」
	渡辺京二（伝記作家）「歴史をさかのぼる」∴
	多田道太郎．（京都大学教授）「活字情報の整理法」・．
	加藤栄一（筑波大教授）柴田穂（ジャーナリスト）鈴木博信（NHK）「国際情報の読み方」
1982	佐々淳行（防衛庁）「危機管理のノウハウ」
	李　御寧（韓国梨花大学教授）「縮み志向の日本人」
	脇　英世（情報評論家）「マイコンをつかった知的生産め技術」
	田原総一朗（ジャーナリスト）「私のニッポン現況報告」
	カーン・ユスフザイ（駐日ジャーナリスト）「アラブから見た日本」
	今野健一（SF作家）「私は重力の秘密を解いた」
	栗本慎一郎（明治大学教授）「経済人類学とは何か」
	加藤秀俊（社会学者）「知識と情魂のカテゴリー論」
	橋爪大三郎（東京大学講師）「記号論入門」
	毎日新聞社資料部見学「毎日新聞社の情報整理」
1983	小川　明（博報堂）「時代を盗む」・
	片野憲二（情報評論家）「白書の見方、読み方」．
	後藤和彦（MK総合研）＆志賀信夫（評論家）「ニューメディアの付き合い方」
	金山宣夫（東和大学教授）「ハーバード流交渉術」
	中川昌彦（評論家）「速読術」
	高野　孟（ジャーナリストx）「世界地図の読み方」
	森谷正規（野村総合研究所）1「先端技術はどこまで進んでいるか」
	甘糟　章（雑誌編集者）＆島本修二（雑誌編集者）「雑誌文化の行方」
	山根一真（フリージャーナリスト）「私の知的生産の技術」．
	沼上満雄（クリエイター）「CFづくりの苦労と．喜び」・
	広野　譲（経営コンサルタント）知的生産のためのパソコン活用術」
1984	角間　隆（ジャーナリスト）「グローバル時代の情報戦略」
	古川哲夫（野村総合研究所）「経済記事の読み方」
	永田　清（三菱総合研究所）「メガトレンド時代の発想」：
	西岡文彦（デザイナー）「図解発想法」
	合田周平＆山口勝弘＆相倉久人（音楽評論）「光文明の起源」
	八木大介（国会議員）「ビジネスマンの見た国会」—
	紀田順一郎（情報評論家）「変動する世界への知的視点」
	山田智彦（作家）「私の二足のわらじ体験論」
	大隈秀夫（評論家）「プロになるための文章作法」
	佐山和夫（ノンフィクション作家）「第三回潮賞を翠賞するまで」
	川手　誠（スタッフ）「話し方の技術」
1985	村井友秀（防衛大学教授）「失敗の本質」
	増田祐二（国際経済大学貌授）「技術進歩における生態史観」
	花村太郎（情報評論家）「知的トレーニングの痩癖」
	井尻千男（日本経済新聞コラムニスト）「コラムにおける文章作法」
	関沢英彦（博報堂生活総合研究所）「ヘテロビジネスの時代」
	川勝　久（情報評論家）「生き残るための情報整理学」
	土井泰彦（サンケイ新聞社論説委員）「新聞社説を書く法」
	香山健一（学習院大学教授）「教育の自由について」
	猪口　孝（東京大学教授・政治学）「社会科学的に情報を読もう」
1986	稲本　正（オークビレッジ）「木と緑の生活と思想」
	丸山元淑（通産省）「新しい時代を考える」
	江口雄次郎（野村総合研究所）「予想される危機のシナリオ」
	山根一真（情報評論家）「変体少女文字の研究」

知的生産の技術研究会講演記録
（1970～2018）

開催年	講師「セミナー名」
	伊東俊太郎(東京大学教授」哲学)「創造のカー湯川博士の教えるもの」
	寺島実郎(三井物産調査部)「国際情報戦略」
	中村隆英(経済学者)「経済と経済学との関係」
	浅田　彰(京都大学・哲学者)「私の知の戦略」
	千尾　将(評論家)「あなたも本が書ける」
	西部　邁(東京大学教授)「知の力について」
	西　和彦(アスキー社長)「情報社会論」
1987	きょう・徳相(韓国史学者)「韓国歴史から見た日本」
	三留理男(国際カメラマン)「世界の激動地帯を撮る」
	木村　敦(本田技術研究所長)「活力ある技術集団を目指して」
	品川嘉也(日本医科大学教授)「右脳の使い方、生かし方」
	高橋乗宣(三菱総合研究所主席研究員)「第三の経済危鄆」
	望月照彦(都市計画家)「私の企画とプレゼンテーション術」
	水野誠一(西武百貨店渋谷店長)「わたしの商業戦略」
	松本道弘(英語・ディベート道場)「ゼロの発見ーインドの旅」
	北矢行男(経常学者)「ニューパラダイムの企業学」
	小川俊一(評論家)「サラリーマン時代に仕事財産をづくれ」
	塚本慶一郎(アスキ丄副社長)「アスキーのネットワーク戦略
1988	幸尾治郎(航空機技術者)「短距離離着陸機＜飛鳥＞の開発まで」
	谷口正和(JLDS社長)「時代の気分をいかに理解するか」
	浦　達也(NHKディレクター)「合わせ鏡で見るポストモダン」
	宮脇　昭(横浜国立大学教授・植物学者)「フィールドワークの方法」
	松川邦生(主婦の友編集者)「ベストセラーの作り方」
	今野信雄(クリエイター)「二足のわらじの履き方」
	草野芳郎(裁判官)「和解の技術」
	保坂栄之介(創工)「イメージコントロール法」
	木本昭子(イベントプロジューサー)「私は美と感動の演出家」
	神　一行(ノンフィクション作家)「官・政の構造について」
	坂崎靖司(出版プロジューサー)「企画の素」
1989	増田米二(評論家)「90年代情報社会の進展はどうなるか」
	大橋照枝(マーケッター)「世代差ビジネス論」
	田村　尚(マーケッター)「プレゼンテーションの技術」
	橋本保雄(ホテルオークラ専務)「感・混・創・才を発揮せよ」
	平林千春(コミュニケーションシステム研究所長)「ビジネス社会における知的生産」
	中村達也(経済学者)「時間の考え方と技術」
	長崎快宏(旅行作家)「やわら頭のつくり方」
	篠田雄二郎(評論家)「EC統合はどんな影響を日本に及ぼすか」
	牧田正一路(日本経済新聞副編集長)「情報の読み方・日経新聞をどう読むか」
	永川幸樹(ノンフィクション作家)「私の人物取材術」
1990	降旗節雄(帝京大教授)＆荒井好民(SI)「日米関係どうなるか」
	守永英輔(旭リサーチセンター)「企業車座社会が変わるとき」
	杉山勝行(データベース研究家)「データベースの使い方」
	河村幹夫(三菱商事取締役)「ビジネスマンの自己実現は休日にあり」
	三石玲子(住友ビジコン主任研究員)「私の企画売り込み術」
	斉藤俊彦(元NHK資料部)「調べるにはどうするか」
	今田俊彦(東京工業大学教授)「仕事は新しい意味の創造になる」
	北村節子(日本女子登攀クラブ会長)「私の日常と非日常」
	足立倫行(ノンフィクション作家)「プロ・ノンフィクション作家の方法と技術」
	丸山元淑(通産省駐イタリア参事官・東京都特命担当部長)「欧州の逆襲」
	久恒啓一(知研)「図解の技術」
	長崎快宏(旅行作家)「パソコンによるデータリサーチの方法」
1991	吉村作治(早稲田大学教授)「考古学の楽しみ」
	樋口健夫夫妻(東京ネットワーク通信部長)「アイディアおやじになる法」
	金森誠也(ゾンバルト研究家)「資本主義はどこから来たか」
	清水　博(分子生物学者・東京大学教授)学問研究の姿勢について」
	渡辺一雄(三菱電機営業本部長代理)「個人も社会も社会貢献の時代」
	高橋伸治(データベース研究所)「企画のためのデータベース活用法」
	田近伸和(フリージャーナリスト・会員)「生き方の達人」
	逢坂　剛(作家)「私のライフデザインと小説作法」

知的生産の技術研究会講演記録
（1970～2018）

開催年	講師「セミナー名」
	新 将命（国際ビジネスブレイン社長）「日本の経営、アメリカの経営」
	佐藤 進（元新日鉄製品技術研究所副所長）「自由業ソフトランディング術」
	久恒啓一・八木哲郎（知研）「図解の技術」合宿演習
	渡辺利夫（東京工業大学教授）「離陸するアジア経済圏」
1992	中村雄二郎（明治大学教授、哲学者）「汎リズム論の提唱」
	北矢行男（戦略問題研究所長・会員）「知本主義の経営学」
	三田村和彦（ワコール宣伝部長）「企画力の育て方」
	三上和幸（国際交通安全学会専務理事）「暴力団の組織構造」
	桝井一仁（KBC社長）「実力のつけ方」
	荒 和雄（ブレーンサービス社長）「野心家ビジネスマンの行動学」
	山下竜一（日本Lclcadips推進室長）「知的生産性向上システムDIPSとは」
	叶 芳和（国民経済研究協会理事長）「グローバル経済の見方」
	小石雄一（通産省）[4つのPですればもっとライフベターにできる]
	寺島実郎（三井物産ワシントン事務所長）「大統領選後のアメリカを読む」
	清水正造（NECシステム建設会長）「現場百見」
	堀田 力（さわやか福祉センター主宰）「私の生き方、社会正義と社会貢献」
	池辺八州彦（筑波大教授・会員）「2つの専門で人生の達人をめざす」
	浦 達也（大学教員・元NHKディレクター）「仮想文明の誕生」
	永田 清（玉川大学教授・元三菱総合研究所参与）「大学教授になる法」
1993	荒井伸也（サミット社長）「法人優遇社会から個人優遇社会へ」
	海老沢敏（国立音楽大学学長）「天才の研究モーツアルトを追って」
	増田祐司（東京大教授）高瀬保（東海大教授）「実感的EC特集」
	加藤由基雄（明治製菓食料総合研究所長・会員）「売れ筋づくり」
	寺島実郎（三井物産ワシントン事務所長）「2つのフォーチュン」
	菊地 誠（ソニー総合研究所技術顧問）「研究現場で何が起こるのか」
	本川達雄（東京工業大学教授）「ゾウの時間、ネズミの時間」
	黒川康正（黒川国際法律会計事務所長）「独学術」
	養老孟司 （東京大学教授）「解剖学から見た世界」
	横張明夫（同文書院編集長）「本づくり30年、企画をどう生むか」
	山澤いく宏（医学博士・東京医大助教授）「心臓医の知的生活」
	佐藤友紀（フリージャーナリスト）「海外人脈・ネットワーキングの方法」
	久保田達也（ITS代表取締役・企画マン）「企画術」
1994	橘川幸夫（橘川幸夫事務所代表・マーケッター）「生意気の研究」
	川又三智彦（ウイークリーマンション・ツカサ社長）「アイディア社長の企画術」
	八木哲郎（知研会長）「知的生産の技術について」
	功刀照夫（朝日ウイークリー社長）「あなたの国際度はどの位」
	高橋憲行（企画塾塾長）「企画道場」
	野口悠紀雄（一橋大学教授）「超整理法」
	岩井好子（カラーコーディネートデザイナー）「好感度アップの自己プレゼン術」
	西 和彦（アスキー社長）「知的生産者のためのメディアシステムとは」
	大槻義彦（早稲田大学教授）「物理学最前線から火の玉まで」
	小田 実（作家）「知的仕事とは何ぞや」
	中村 明（富士通事業推進プロジェクト部）「パソコン通信が世界を変える」
	古瀬幸広（フリージャーナリスト）「マルチメディアを使いこなそう」
	斉藤茂男（フリージャーナリスト）「私の取材の方法」
1995	橋本重美「私の手帳術」
	苅谷剛彦「教育の技術」
	草野芳郎「判決と和解」
	石川好「私にとって知とは何か」
	岩崎正信「パーソナルデータベースづくりのすすめ」
	橋本重美「私の仕事の進め方ーポストイット活用法」
	中松義郎「ドクター中松の劣頭改造・発想法」
	本城靖之「私がプロになるまで 第1回」
	ペマギャルポ「チベット人から見た日本人論」
	養老孟司「脳の中にある現実」
	野口靖夫「文章の防災十訓 六甲山上の垂訓」
	甲部昭美「品質の時代のマーケティング」
	河村幹夫「キーワードは時間と整理」
	軽部征夫「創造性をいかに開発するか」

知的生産の技術研究会講演記録
(1970～2018)

開催年	講師「セミナー名」
	橋本重美「私の「非」知的生産の技術」
	伊藤幸人「日本と世界の未来をフォーサイトする」
	小田実「被災の思想　その1」
	林田スマ「言葉とコミュニケーション」
	三石玲子「私のバーチャルオフィス」
	三田村和彦「結局なにが経営の基本になるか」
	小田実「被災の思想」
	山澤いく宏「仕事は忙しい人に頼みなさい」
	関沢英彦「モヤモヤ情報は自分内部からの報らせ」
	梅棹忠夫「日本語の国際流通のためにローマ字化が必要」
	久保田達也「「できる奴だけ生き残る」
	加藤由基雄「チャンスでキッカケをつかむ」
	坂崎重盛「私の情報収集術／編集・企画をなりわいとする立場から」
	今野浩「数学や素数が特許になる時代」
	中松義郎「日本劣頭改造論」
	ペマ・ギャルポ「チベットから見た日本人論」
	水谷哲也「インターネット体験」
	軽部征夫「創造性をいかに開発するか」
	伊藤幸人「日本と世界の未来をフォーサイトする」
	今野浩　「数学や素数が特許になる時代」
	寺島実郎「私が見通す太平洋パワーゲーム時代」
1996	河村幹夫「ビジネスマン人生あれこれ」
	野口靖夫「災害から文書を救済するには」
	外山滋比古「アイデアが浮かぶとき」
	和泉育子「エニアグラムとは」
	熊谷真菜「たこやき学」
	寺島実郎「私が見通す太平洋パワーゲーム時代」1
	田辺茂也「ホームページのつくり方」
	大橋悦夫「パソコン日記のすすめ」
	奥村宏「会社はどう変るか」
	宮脇昭「フィールドワークの方法と技術」
	今野信夫「二足のわらじをはこう」
	多田直彦「豊かな熟年のために」
	加藤由基雄「「ライフワークにいかに取り組むか」
	岩野昌夫「私の知的生産について」
	川又三智彦「アィディア社長の企画術」
	佐藤あつ子「初恋の人探します」
	永崎一側「心に通じる話し方の魅力」
	手島佑郎「ユダヤ人の思考・日本人の思考」
	三田村和彦「時代ボケしない10の自己チェック項目」
	福田和美「元気、差上げます」
	寺島実郎「危険信号が出始めたエネルギーと食糧」
	田中弥生「ドラッガーの非営利組織の経営法」
	中井秀範「インターネット時代のデジタル吉本」
	寺島実郎「世界で成長が始まっている」
	斉藤精一郎「財政改革は行政改革」
	山根一真「フリージャーナリストの技術」
	中松義郎「ドクター中松が語る創造学金言」
	村松増美「指導者のユーモア」
	寺島実郎「日本の不得意な多国間外交の時代」
	森谷正規「日本の高度情報化の進み方」
	立花隆「私の問題追求の技術」
	中元正弘「私の知的生産の三本柱」
	多喜義彦「発想は横展開」
	岡田芳郎「ビジネスマンに贈る心の処方箋」
	大内勲「マルチメディア考」
	片平芳博「マルチメディアとのかかわり」
	寺島実郎「複眼的思考のすすめ」
	昇地三郎「能力開発について」

知的生産の技術研究会講演記録
（1970～2018）

開催年	講師「セミナー名」
	八木哲郎「知的生産者の得意技」
	中松義郎「ドクター中松が語る創造学金言」
	荒　和雄「サラリーマンから知的生産活動へ」
	寺島実郎「多様性のなかでいかに生きるか」
	養老孟司「脳化社会の行方」
	佐藤　進「日本の経験は陳腐化したのか」
	工藤由美「フリーランスなんか怖くない」
	竹村達雄「竹村式カウンセリング」
	取違孝昭「騙す人・騙される人の心理学」
	村松増美「英語世界に溶け込む術」
	片岡　勝「新しいパラダイムの起業家精神」
	轡田隆史「魅力ある文章を書けるようになるために」
	立山裕二「環境問題と地球にやさしいマーケティング」
	大野明彦「世界女性監督映画祭を企画する」
	畑正高「香りの文化とお線香」
	下村正　「アイデアをヒット商品にする方法」
	長崎快宏「取材メモの活かし方と情報ツール活用法」
	田辺茂也「ホームページの作り方」
	奥村宏　「会社はどう変わるか」
	西和彦　「ビジネスと生活が一変する近未来を予測する」
	永崎一則「心に通じる話し方の魅力」
	寺島実郎「ユダヤ人のビジネスと日本人のびじねす」
	田中弥生「ドラッガーの非営利組織の経営法」
	三石玲子「すぐたれるインターネットビジネス」
	斎藤精一郎「日本の赤字財政体質はこうしたら改革できる」
	森谷正規（野村総合研究所）1「先端技術はどこまで進んでいるか」
	畑正高「香りの文化とお線香」
	紀田順一郎「ライフワークが世に出るまで」
	西和彦　「インターネット超時間術」
	八木哲郎「知的生産者の共通項」
	江口徳治郎「KJ法演習」
	西村晃　「ポストイット知的生産術」
	永田清　「B6カード知的生産術」
	久恒啓一「図解の技術」
	久保田達也「インターネットビジネス戦略」
	養老孟司　「脳のつくる世界」
	村松増美　「英語は簡単に話せる」
	和泉育子「エニアグラム演習」
1997	橋本重美「橋本流文章術」
	大谷由里子「いまどきの若いモンのホンネ」
	播磨靖夫「共感を軸としたネットワーク術」
	天野祐吉「世相天気図」
	野田一夫「僕の行政改革」
	宇田成徳「自然の中にすべての情報がある」
	青木匡光「人間接着剤２０年をかえりみて」
	工藤由美「私の取材の技術」
	高嶋直人「豊後国分寺の三角形の謎」
	重里俊行「人生出たとこ勝負」
	山本英夫「電気鉛筆法」
	高嶋直人＆岸野博史「大分の地名の秘密」
	池松邦彦「単行本の企画・編集方法入門編」
	寺島実郎「いまわれわれは歴史のどの時点にいるのか」
	杉澤達也「金融ビッグバンとは何か」
	本田有明「ビジネスに活かす哲学的思考法」
	大橋悦男「パソコンによる情報整理」
	佐藤進「サラリーマンから知的自由業への変身法」
	宮原哲「カルチャーショックを楽しんで国際人になろう」
	工藤由美「フリーランスなんて怖くない」
	多喜義彦「ビジネス・プロジューサー育成講座」

知的生産の技術研究会講演記録
（1970～2018）

開催年	講師「セミナー名」
	山本英夫 「アイデアの基本がわかる電球エンピッ法」
	天野祐吉 「情報天気図」
	長崎快宏 「取材メモの活かし方と情報ツール活用法」
	立花隆「私の問題追及の技術」
	寺島実郎「複眼的思考のすすめ」
1998	多田直彦「コンビニのシステムから学ぶ知的生産のヒント」
	中野不二男「メモの技術－パソコンで知的生産」
	大串英明「アクティブ・ライフ・キャンペーンで学んだこと」
	財津秀邦「万年山の主題による変奏曲」
	瀬木宏康「すべての映像は演出されている」
	東真人「ドメインの再定義」
	ユー・ファ・ジョン「玄海人として生きる」
	石野伸子「男性社会を生き抜く、新聞に女性パワーを」
	福島哲史「わたしのメモ術・デジタル時代を迎えでの五感活用知的生産術」
	関沢英彦 「概念を溶かす」
	岡田斗司夫「アニメ制作の発想」
	菅沢弘行「仕事の能力を引き出す」
	多喜義彦「ビジネス・プロジューサーを育てる」
	岡野勝志他「ディベートを徹底的にディベートする」
	桝井一仁「社内企業からスタートして大学教授になる法」
	伊藤久 「体験的異文化論」
	八木哲郎「自分史の書き方」
	河村幹夫 「デリバティブはお化けか女神か」
	大谷幸三 「取材は度胸」
	矢野アズ紗「心を磨く人生を生きよう」
	久恒啓一 「宮城大学“知的生産の技術”教育の実験」
	杉澤達也「どうなる金融ビッグバン」
	青木定雄「日本と日本人の活力をとりもどす」
	大田黒武行「インド独立に貢献した父大田黒又男のこと」
	轡田隆史 「魅力ある文章が書けるようになるために」
	神野力「吉備の国の物語」
	鍋数夫「生態的マーケティング理論の応用」
	小佐田定雄「落語の魅力」
	守屋洋「中国古典に学ぶ知恵」
	徐元宇「日本文化と法伝統、韓国とのひかくにおいて」
	今野仁「パーフォーマンス学について」
	大田黒久夫「自己に忠実に生きる」
	野田一夫「キャンパスの子どもたち」
	杉村芳美「良い仕事の発想」
1999	大内勲 「能力拡大の技術」
	望月照彦 「非線型人生の設計」
	小林聡「パソコンで書く」
	中山正和「創造性開発総まとめ」
	土池清次「ネットワークのちえ」
	軍司貞則 「知が変わる、空海に学ぼう」
	佐山和夫 「野球の向こうに世界が広がる」
	山本佳耶「5歳若く見える秘訣」
	久恒啓一「敵を知り己を知れば百戦してあやうからず(エニアグラム入門)」
	安倍佳代子「プレシデントの編集長になって」
	福山琢磨「自分史の書き方」
	小野裕子「整理・整頓が人生を変える」
	財津秀邦「4億年の彼方からの風」
	新出安政「書くことの大切さについて」
	桝井一仁「わたしの知的生産について思うこと
	近藤昌平「お菓子の中に愛のストーリーを込めて」
	渋谷正信 「水底の世界で仕事して」
	河上亮一 「学校崩壊」
	菅沢弘行「仕事の能力を引き出す」
	野村正樹「自分の著書を持つ方法」

知的生産の技術研究会講演記録
（1970〜2018）

開催年	講師「セミナー名」
	森永卓郎「日本ラテン化計画」
	佐分利応貴「日本型雇用環境はどう変わるか」
	平松鷹史「暮らしとことば」
	村松増美「わたしの英語ウオッチング＆リーダーたちのユーモア1」
	小石雄一「自分の時間の使い方、創造的生き方の29の法則」
	野田一夫「人前でしゃべる技術」
	鮫島達郎「現代用語辞典の創り方」
	北矢行男「日本を救うソシオ・ビジネス」
	江口雄次郎「インターネット時代に必須な身体的知的創造術」
	高城幸司「リクルート式しごと術ひとり勝ちの法則」
	山田厚史「今年、日本の変革はどこまで進むか」
	永井章夫「最近の子供たちの表情」
	牧野和夫「米国の弁護士の資格取得と活用の仕方」
	笠木惠司「グローバル時代の国際資格」
	西山昭彦「自分のキャリアをどうつくっていくか」
2000	永田清「個人シンクタンクになろう」
	内田善久「インターネット証券市場の衝撃」
	白井達郎「産学連携と技術移転」
	片岡五郎「名優とは自信なり」
	中沢義則「囲み記事ができるまで」
	三田村和彦「経営者とビジネスマンに贈る20のヒント」
	江崎通彦「知識を知恵に変える法」
	疋田智「自転車通勤でいこう」
	林義樹「参画型授業経営に関する研究」
	矢間伸次「技術者よ、元気をだしなさい」
	藤田正美「NEWSWEEK」発最先端のアメリカ経済情勢」
	金子信行「多言語が開くあなたの21世紀」
	江口雄次郎「アナログで話そう」
	脇豪成「天命交渉論」
	岸英光「コミュニケーションノコツ教えます」
	斉藤俊輔「大阪弁川柳の世界」
	金丸弘美「ライターになる法教えます」
	的場成夫「ビジネスモデル特許入門」
	多田修　「IT革命で生活を変える」
	荒金学「今子供にとっていちばんたいせつなこと」
	伊藤義高「知識と知恵を考える」
	久恒啓一「ビジネス・コミュニケーションとしての図解表現の技術」
	西和彦「わたしの考える21世紀的知的生活」
	松本道弘「最新米国ビジネス情報を英語と日本語で聞く」
	今村栄三郎「意思決定の技術」
	つなぶちようじ「胎内記憶と癒しについて」
	浦達也「複雑系で一変する物の見方」
2001	阿部良行「ほのぼのコンサートができるまで〜イベント企画術」
	中村博司「自転車ー人力パワーの効用」
	寺島実郎「時代認識と針路ー社会工学の時代」
	岩井好子「色彩心理を活かした自己表現」
	石渡照代「リアルタイム字幕とバリアフリー」
	近藤節夫「海外武者修行のすすめ　ひとり旅の体験」1
	斎藤健「良心的な一官僚の意見」
	池松邦彦「ベンチャー教育」
	久恒啓一「インターネット勉強法」
	池松邦彦「IT革命のビジョン」
	浅川基男「社会の常識　大学の非常識」
	唐沢明「五時から作家になる法」
	環境と知特集　野田一夫「外なる環境、内なる環境」
	浜田和幸「環境と国際関係」
	野中郁次郎「知恵の場の創設」
	池永俊八「アミビア選挙監視活動の思い出」
	吉村克己「企業におけるeラーニング研修」

知的生産の技術研究会講演記録
（1970～2018）

開催年	講師「セミナー名」
	井上昭成「商品開発、私はこうしている」
	米本昌平「21世紀は生命科学の時代」
	福田直樹「経済構造改革論を超えて」
	スチルマン美紀恵「女性外交官から見た日本」
	芦田の毎日「IT・情報化」時代の指針
	梅棹忠夫「新世紀における日本語の運命」
	荻原みゆ紀「パーフォーマンス学」
	阪本亮一「心をつかみ人を動かす実戦話力」
	工藤由美「車いすから見た東京」
	手銭克己「21世紀を迎えてISOって何」
2002	阿部良行「ほのぼのコンサートができるまで～イベント企画術」
	田中昌六「茶の湯から見た企業の生き様」
	藤和彦「よみがえれ中小企業」
	田近伸和　ヒューマノイドの未来」
	寺島実郎「2002年の展望ー新しい時代は国民が作る」
	矢矧晴一郎「ヤハギの能力開発シリーズ」
	野田一夫「私の大学教育論」
	斉藤精一郎「日本経済非常事態宣言」
	大岩元「IT人財になるにはストックを覚えれば簡単」
	村松増美「笑いと英語」
	大沢みずほ「シンクロにとって音楽は命である」
	佐山和夫「本を書くにはどうすればよいか」
	莫邦富「中国が日本を超える日」
	莫邦富「中国が日本を超える日」Ⅱ
	久恒啓一「図で考える人は仕事ができる」
	星野耀子「話し方のソフトとハード」
	広瀬隆「燃料電池が普及する日、環境問題は解決する」
	船山信次「個人情報の構築」
	伊藤明子「繁盛店は色で決まる」
	加藤由基雄「ヒット技術を生む9つの絶対法則」
	福山琢磨「自分史にたちはだかる書けないことをどう書けばよいか」
	三石博行「社会文化現象のデザイン」
	養老孟司「人間の中の自然を活かす～いかに生きるか」
	斉藤健「行政改革は成るか　日本の官僚の体質を壊す革新官僚の挑戦
	三石博行「社会文化資源の分析方法1」
	斉藤健「行政改革はなるか」
	本田有明「自分の思想をどう創るか」
	三宅佳樹「いえをつくる」
	久保田貢「出会いとコミュニケーション」
2003	カトリーナ・ワッツ「相撲にいれこんだカトリーナ」
	村松増美「英語と笑いが日本を救う」
	岡本勝吾「全文検索の活用」
	寺島実郎「2003年、この決定的な年、いかなる展開が予想されるか」
	重里俊行「2003年の日本経済はどうなるか」
	小野元裕「21世紀は人生のテーマを深める時代」
	赤池学「科学技術NPO活動とその展望」
	木村早苗「パート・アルバイトの戦力化」
	石井正幸「いよいよ変わる日本の銀行」
	田中宇「国際戦略はキツネとたぬきの化かし合い」
	小野恒「市民参加で活路がひらける」
	軽部征夫「キャリアをいかに開発するか～わたくしのたどった道」
	青木豊彦「東大阪から人工衛星」
	久恒智彦「日産はどうして生まれ変わったか」
	梅棹忠夫「文明の生態史観について」
	青木環「ロストプロセスジェネレーション」
	佐々木康雄「コンピュータネットワーク文明の潮流」
	小中陽太郎「物書きの大先輩からのアドバイス」
	竹内謙「市長の仕事」
	内山正之「僕が出版社を始めたわけ」

知的生産の技術研究会講演記録
（1970～2018）

開催年	講師「セミナー名」
	養老孟司「バカの壁」と稲本正「自然からの学び方」
	清水智子「身の丈ビジネス～企業を目指す女たち」
	伊藤松郎「ビュジアル的説得力」
	村松増美「英語とユーモアが世界を救う」
2004	寺島実郎 「2004年の世界の動きを予測する」
	久恒啓一「できる人になるには勉強してはいけない！」
	野村正樹「会社勤めをしながら作家になる法」
	上船美和「コーチングで知的生産性を高める」
	青木ルミ「ココロとカラダのアンチエイジング講座」
	加藤 秀俊「知的生産の技術の原点」
	藤田紘一郎 「キレイはビョーキ」
	西澤真紀子「ファイリングの極意、もう一つの知的生産の技術」
	駒村康平 「年金はどうなる？国民の信頼を勝ち得るか」
	西和彦　「ベンチャーやるなら3つの覚悟」
	近藤節夫「シベリア鉄道を通して「大国」ロシアを思う」
	柴垣英昭「トレーダーという仕事」
	斎藤健 「大臣秘書官という変わった仕事から見えてきたもの」
	林幸治郎「ちんどん屋的路上の観察術」
	斎藤健 「”官”についての疑問と対話」
	野村正樹「わたしの人生ライフワークへの道」
	莫邦富 「中国の心をつかむ企業戦略」
	広瀬隆「大統領選挙とアメリカの分裂」
	高島直人「豊後国分寺の位置設定について」
	斉藤三郎「岡山の電話はこのよに創られた」
	新谷彰男「さよなら黒板教育への挑戦」
2005	蟹瀬誠一 「メディアは人間を幸せにするか」
	高山憲之「信頼と安心の年金改革」
	床美幸「知識・経験・人脈ナシからの新事業・新会社設立」
	水谷哲也「古本屋商売」
	久恒啓一 「合意学入門」
	轡田隆史「日本の心を考える」
	寺島実郎・加藤秀樹「官から民への流れをいかに加速するか」
	森田幸典「ボールルームダンス界と私」
	芦田宏直 「コマシラバスが学校と教育を変える」
	吉田雅代「アントレプレナーシップとベンチャー失敗の法則」
	池松邦彦「職業人としてのリーダーシップと人間力」
	久保田達也 「くぼたつ企画術」
	寺島実郎「21世紀の世界政治と日本」
	太田順一「「写真を撮ることは人生を撮ること」
	西和彦　「ベンチャービジネスで夢を開き、一流を目指せ」
	平田真一「我が国の専門教育と人材教育」
	渡辺道夫「山田方谷の教えを現代に活かす」
2006	久恒啓一「図で考えれば文章がうまくなる」
	朝比奈一郎、木村伸吾「霞が関に改革ののろしあがる
	近藤由美子「皆様に支えられて奮闘する美津濃の女将さん」
	浅川基男「モトイズム　産業界から大学に転じた十年の顛末記」
	平田篤州「夢は譲れない」
	福住昌子「NLP入門」
	寺島実郎「2006年の世界潮流を読む」
	野村正樹「郵便局ファンの会」応援団長が右往左往」
	南恵子「ロハスな生活ってなんだろう」
	林望「芸術力の磨き方、鑑賞と自己実現へ」
	吉田勝光「博士号を取得して」
	白附克仁「見せる企業宣伝から魅せる企業演出へ」
	藤原正彦「国家の品格」
	松山真之助「ネット時代、楽しみながら人生の可能性をひろげるノウハウ」
	井久保伊登子「心豊かに”私”を生きる、互いに支え合いながら」
	喜多雅美「54歳の転職、化学企業から大学知財本部へ」
	畠山真一【小さな政府・特集」

知的生産の技術研究会講演記録
（1970〜2018）

開催年	講師「セミナー名」
	二神能基「希望のニート」
	近藤節夫「覇権国家ロシアの本質と民族性」
	小島典子「家庭教育　心の躾」
	北川賢一「ITソリューションビジネスの最前線」
	鈴木博信「ソ連崩壊とロシア政治史のサイクル」
	福田博「最高裁判事10年を体験して」
	小中陽太郎「物書きを志す人に與う」
	金容善、李せい遠「途上国に生まれてよかったと思うこと」
	豊田佳明、大石裕一「入門ポストキャスティング」
	久恒啓一「人物記念館めぐり128館まわって考えたこと」
	浜松昭夫「伝統の技と新しい感性を求めて」
2007	浅沼ヒロシ他「きっとできる、あなたも本を出してみよう」
	久保田貢「命を紡ぐ」
	鶴野充茂「SNS的仕事術」
	寺島実郎「2007年の世界潮流を予測する　新しい世界秩序への英知」
	青木匡光「真友こそ後半人生のサポーター」
	大内勲「危機管理と問題解決の手法」
	大石裕一「RSSで情報収集能力が10倍になる」
	風間直樹「雇用融解」
	蔡英俊「中国を語る」
	李昌雨「現場から学ぶ」
	副島隆彦「ドル覇権の崩壊」
	北岡和義「SOMETHING　DEFFENT, SAMTHING　NEWと和の世界」
	塚本真也「企業内文章からプレゼンテーション技術まで」
	雨坪寿則「転機はチャンス」モシモシからICTへ」
2008	李昌雨「現場から学ぶ」
	小林尚衛「整備士のプラスアルファ」
	小野恒「地図に残る仕事をして30年」
	寺島実郎「2008年の世界潮流を予測する」
	加藤秀俊「知的生産と知的道楽」
	溝江玲子「私が童話作家になれた、その方法」
	樋口裕一、久恒啓一「表現の技術、文章をつかうか、図解をつかうか」
	正賀　「遠い島　硫黄島　その33年」
	樋口裕一VS久恒啓一「表現の技術、文章を使うか、図解を使うか」
	中井浩一、学生「若者の学力は下がっているか」
	武者陵司「新帝国主義論とアメリカの金融恐慌」
	木村千鶴「刺繍文化に触れる」
	森田昭一郎「倉敷もん流の生き方」
2009	船山信次「毒と薬の世界史」
	寺島実郎「2009年の世界潮流を予測する」
	久保田達也「eラーニングで伸びる能力」
	市原実「観光カリスマ100人の本を出す」
	水野和夫「日本人が見誤ったグローバル経済の本質」
	北康利「プリンシプルを貫いた男、白洲次郎」
	郷原信郎「思考停止社会〜「遵守」にむしばまれる日本」
	佐々木俊尚「2011年　メディアは再構築される」
	関口和一「クラウド時代の情報活用法」
	万代勉「近江の芭蕉」
	宮林英子「野鳥は大切な仲間」
2010	寺島実郎「2010年の世界潮流を予測する」
	久恒啓一、山田直哉、樋口裕一「最初の1冊の壁をいかに越えるか」
	東谷暁「エコノミストたちの知的生産を考える」
	神田敏晶「ツイッター革命」
	芦田宏直「機能主義とメディアの現在」
	細川和徳「歌舞伎を通しての街づくりin琴平」
2011	水谷弘隆「勉強3・0―大人の勉強は内なる欲求から」
	奥野宣之「知的生産ワークアウト」
	長谷部裕治「独自に開発した思考の整理法、思い出すための技術」
	寺島実郎「2011年の世界潮流を予測する」

知的生産の技術研究会講演記録
（1970～2018）

開催年	講師「セミナー名」
	久恒啓一「私は『遅咲き偉人伝』をいかにして書いたか」
	杉澤達也「英国と日本」
	玄秀盛「新宿駆け込み寺で玄さんならではの社会貢献
	藻谷浩介「デフレの正体と震災後の日本の進路」
	池辺淑子「英語力、本当のところ」
	水谷弘隆「30歳をすぎてから”つかえる”英語を習得」
	近藤雅文「電磁波の性質とリスクコミュニケーション」
	吉田太一「天国へのお引越しのお手伝い」
2012	寺島実郎「2012年の世界潮流を予測する
	小中陽太郎「3人よって座談する話グセが最高だ」
	土田修「新聞がつくる情報とは」
	原麻里子「BBC改革と公共的価値」
	鈴木邦彦「大都市制度とは」
	福島英「身体は声という音色をだすための楽器」
	沈海涛「日中問題の課題と展望について」
	寺島実郎「2013年の世界潮流を予測する」
	相澤秦憲「地域の社会科学系私立大学ですごした30数年間」
	中山美保「源氏物語の世界を楽しむ」
2013	三原喜久子「梅棹アーカイブス」
	武者陵司「今年中に20年続いたデフレは終わる」
	孫崎享「自主外交をいかに実現するか」
	寺島実郎「2013年の世界潮流を予測する」
	勝木雅治「不動産市場の変化について」
	池淵竜太郎「グローバルリーダーコース・カリキュラムを編集して」
	久保田貢「山田方谷に学ぶ」
	久恒啓一「図独のすすめ」
	小野恒「民間人から見た事業仕分けと公共事業の実態」
	梅澤貴典「図書館と公共データベースを活用した学術情報収集法」
	寺島実郎「2014年の世界潮流を予測する」
	玄秀盛「出所者居酒屋」
	梅澤貴典「図書館と公式データを活用した学術情報収集法」
	吉備槌太郎「古代吉備の謎を探る」
	桂まん我「落語を楽しむ」
2014	都築功「次世代を担う人を育てる教育について」
	吉永鴻一「石巻の復興から日本のつながり再生を考える」
	三宅昭三「岡山で偉大なジャーナリストで詩人薄田泣菫」
2015	寺島実郎「2015年の世界潮流を読む」
	江藤真規「母親の視野拡大が私のライフワーク」
	八木哲郎「19世紀の聖人ハドソン・テーラーとその時代」を書くまで
	嚮田隆史「楽しい”考える力”と社会」
	浜田高夫「私の映画人生」
	岡田愛子「私の細腕繁盛記」
2016	大川夏子「新しい生き方とネットビジネスの活用」
	八木哲郎「近過去に2度あった好景気時代」
	水谷哲也「梅棹忠夫先生の旧邸訪問」
	根岸昌士「教育界に偉大な貢献をした元白虎隊士」
	いがらしゆみこ「新たなブランド創り」
2017	近藤節夫「いまキューバが熱い」
	八木哲郎「朕おもうに‥の教育勅語ができるまで」
	大原安生「安原備中守の事績」
	吉田勝光「スポーツ・健康の研究・教育の現場から」
	都築義一「イタケ島便りに書いたこと」
2018	矢矧晴一郎「後天的天才塾の提案」
	三嶽豊、きみこ「薩摩おごじょとあづま男のわがまま文化論」
	中澤義則 「自分史の書き方」
	猪俣範一「中国民営企業の買収交渉と新会社運営・管理から判った中国の実情」
	久恒啓一「SNS時代の知的生産の技術」
	佐谷 恭「食事以上の価値をつくる。旅の経験をベースに開店したパクチーハウス」
	高津玉枝 「新しいライフスタイル エシカル消費について」

知研の編・著作活動

1978年「私の知的生産の技術」(講談社)
1979年「続・私の知的生産の技術」(講談社)
1982年「新・知的生産の技術」(講談社)
1981年「激論・ニッポンの教育」(講談社)
1982年「自分学のための知的生産術」(TBSブリタニカ)
1983年「私の書斎活用術」(講談社)
1985年「実戦マニュアル知的生産の技術」(TBSブリタニカ)
1986年「知的生産者の発想現場から」(TBSブリタニカ)

1986年「わたしの知的生産の技術」PARTⅠ(講談社学術文庫)
1986年「わたしの知的生産の技術」PARTⅡ(講談社学術文庫)
1987年「実戦!システム手帳活用法」(TBSブリタニカ)
1990年「打たれ強い人間は挫折を知らない」(HBJ出版局)
1991年「企画とプレゼンの方法」(日本実業出版社)
1991年「自己啓発の方法」(日本実業出版社)
1994年「入門　読書の技術」(大和書房)
1996年「知の技術」(大和書房)
1996年「「自己啓発のための」知的勉強法」(日本能率協会マネジメントセンター)
1997年「生きる技術 私の方法」(大和出版)
2004年「伝える力」(すばる舎)
2009年「知の現場」(東洋経済新報社)
2010年年「達人に学ぶ「知的生産の技術」」(エヌティティ出版)
2010年「知的生産手帳2011」(東洋経済新報社)
2011年「知的生産手帳 DIY版」(東洋経済新報社)
2013年「聞く力・考える力」(Kindle版)(ユナイテッド・ブックス)

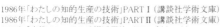

入会方法

入会を希望される方は、ホームページ(www.tiken.org)入会フォームにて、お名前・メールアドレス・ご住所・お電話番号等をご連絡ください。
その後、下記口座のいずれかに、10,000円(年会費7,000円・寄附3,000円)をお振込み下さい。お振り込みを確認した時点で入会とさせて頂きます。

みずほ銀行府中支店　普通口座1670383　知的生産の技術研究会
郵便局00150-9-109328　知的生産の技術研究会

会員特典

- セミナーの内容や協力講師、会員の寄稿文、提携団体のフォーラム内容、セミナー案内などが掲載されている機関誌「知研フォーラム」をお届けします。
- セミナーの後には会員、協力講師などとの親睦、交流の機会をもうけています。
- ホームページの過去講演録の閲覧利用ができます。

著者紹介

八木哲郎（やぎ・てつろう）

1931年、天津生まれ。東京外国語大学中国学科卒業。味の素勤務を経て、1970年に「知的生産の技術」研究会を設立。執筆、編集のかたわら、研究会を運営する。現在、NPO法人 知的生産の技術研究会 会長。主な著書に、『天津の日本少年』（草思社）、『大器の条件』（日本能率協会マネジメントセンター）など。

久恒啓一（ひさつね・けいいち）

1950年、大分県中津市生まれ。九州大学法学部卒業後、日本航空入社。日航在職時から「知的生産の技術」研究会で活動し、「図解コミュニケーション」の理論と技術を開発。それがきっかけとなり、1997年、日航を早期退職し、新設の宮城大学教授に就任。2008年多摩大学教授、2015年より副学長。NPO法人 知的生産の技術研究会 理事長。主な著書に、『図で考える人は仕事ができる』（日本経済新聞社）、『偉人の誕生日366名言集』（日本地域社会研究所）など。

岩瀬晴夫（いわせ・はるお）
NPO法人 知的生産の技術研究会 会員

小野恒（おの・ひさし）
NPO法人 知的生産の技術研究会 会員

加藤仁一（かとう・にいち）
NPO法人 知的生産の技術研究会 会員

新《しん》・深《しん》・真《しん》　知的生産《ちてきせいさん》の技術《ぎじゅつ》

2019年3月5日　第1刷発行

編　者　NPO法人 知的生産の技術研究会
著　者　久恒啓一《ひさつねけいいち》　八木哲郎《やぎてつろう》　岩瀬晴夫《いわせはるお》　小野恒《おのひさし》　加藤仁一《かとうにいち》
発行者　落合英秋
発行所　株式会社 日本地域社会研究所
〒167-0043　東京都杉並区上荻1-25-1
TEL（03）5397-1231（代表）
FAX（03）5397-1237
メールアドレス　tps@n-chiken.com
ホームページ　http://www.n-chiken.com
郵便振替口座　00150-1-41143
印刷所　中央精版印刷株式会社

ISBN978-4-89022-238-4